大夏书系 | 学校领导力

提升
学校变革
领导力

Tisheng
Xuexiao Biange Lingdaoli

柴纯青 著

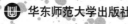
华东师范大学出版社
上海

图书在版编目（CIP）数据

提升学校变革领导力/柴纯青著.
—上海：华东师范大学出版社，2023
ISBN 978-7-5760-4290-0

I. ①提… II. ①柴… III. ①中小学－学校管理 IV. ① G637

中国国家版本馆 CIP 数据核字（2023）第 210050 号

大夏书系 | 学校领导力

提升学校变革领导力

著　　者	柴纯青
责任编辑	程晓云
责任校对	杨　坤
封面设计	奇文云海·设计顾问

出版发行	华东师范大学出版社
社　　址	上海市中山北路 3663 号　邮编 200062
网　　址	www.ecnupress.com.cn
电　　话	021-60821666　行政传真 021-62572105
客服电话	021-62865537
邮购电话	021-62869887
地　　址	上海市中山北路 3663 号华东师范大学校内先锋路口
网　　店	http://hdsdcbs.tmall.com/

印 刷 者	北京密兴印刷有限公司
开　　本	700×1000　16 开
印　　张	12.5
字　　数	174 千字
版　　次	2024 年 4 月第一版
印　　次	2025 年 5 月第四次
印　　数	6 101-7 100
书　　号	ISBN 978-7-5760-4290-0
定　　价	59.80 元

出版人　王　焰

（如发现本版图书有印订质量问题，请寄回本社市场部调换或电话021-62865537联系）

目 录

序 一 / 001

序 二 / 003

第一章 变革是学校对未来的响应

第一节 那些细节带来的教育疼痛 / 003

第二节 疼痛何来——从"现代学校"的诞生说起 / 006

第三节 对学校变革的期待 / 013

第四节 本书的基本结构 / 017

第二章 学校变革要关注的维度

第一节 儿童观的变迁 / 023

第二节 学校的时代性 / 029

第三节 学校的变革文化 / 036

第四节 学校变革与变革领导力 / 041

第三章 学校变革的八个步骤

第一节　重塑学校理念 / 049

第二节　文化引领行动 / 061

第三节　建设团结团队 / 074

第四节　激发变革动力 / 085

第五节　创新专业组织 / 096

第六节　发挥成就价值 / 112

第七节　促进变革持续 / 125

第八节　成果融入文化 / 141

第四章 成为变革型领导者

第一节　变革型校长的主要特征 / 157

第二节　给校长的一些建议 / 167

结语　复制变革 DNA：帮助更多人具有变革领导力 / 173

参考文献 / 185

后　记 / 189

序 一
PREFACE 1

很荣幸成为《提升学校变革领导力》书稿的第一个读者，读后欣喜之情油然而生。我的研究领域是教育管理与政策，同时也做管理工作，既是学校变革的研究者，也是学校变革的实践者，深感研究不易，实践更难。这本书篇幅不长，却给我以丰富的启示，对我从事学校组织变革的研究与实践皆大有裨益。

本书在讨论学校变革必要性的基础上，提出了学校变革领导力概念的核心在于校长变革领导力与全体成员变革领导力的融合。随后，本书进入了主体内容，阐述了学校实现成功变革的八个步骤，即重塑学校理念、文化引领行动、建设团结团队、激发变革动力、创新专业组织、发挥成就价值、促进变革持续、成果融入文化。八个步骤中，文化理念或价值观念是一以贯之的主线，因此学校变革领导力的关键与核心是价值领导力，价值文化与制度文化、物质文化相比是最内核的东西，是学校组织的灵魂。但是学校组织变革只有文化理念或价值观念是不够的，必须将之转化为组织架构、规章制度、教师行为、学生发展、工作绩效，亦即，必须落地，必须接地气。纸上谈兵讲理念，非常容易，脚踏实地做事情，着实不易。要让学校发生全面变革，而且让变革持续发生、让学校可持续发展，不仅要历经千难万险，还要系统设计。

本书阐述的八个步骤，就是对于促进学校变革的系统设计。这个系统框架不是随意提出的。作者借鉴了领导力大师科特的企业变革八个步骤的理论，不仅借鉴了其前期理论，也借鉴了其后期理论，如科特后来提出的"双元驱动"组织结构设计就被本书吸收到其论述框架中。这种借鉴并不是简单照搬，而是创造性的转换，使其适用于学校情境，适用于中国国情，因此，这种转换既是教育性的又是本土化的，在此过程中，充分吸收了许多学校组织变革的实践营养。本书不是国外理论的简单借鉴，而主要是本土化实践的学术化概括，其中包含着作者十多年参与中小学整体改进实践的理性反思，包含着十多位成功实现学校改进的校长的实践智慧。从这个意义上讲，本书是作者和多位中小学校长共同完成的，是集体智慧的结晶。也正是在此意义上，本书具有很强的可读性，是一本既"有用"又"好用"的书。"有用"是指本书充满实践智慧，干货多多，有很强的操作性，绝非虚幻的空谈；"好用"是指语言简明扼要且通俗易懂，并没有使用晦涩难解的学术用语，读者会有愉快的阅读体验。因此，本书对有志于促进学校变革的广大中小学校长具有丰富的启发意义与实用价值。

这是一本主要给中小学校长们写的书，为便于校长们发动和推进学校变革，本书还集中讨论了变革型校长的特征，以及校长如何推动学校的持续改进，这些内容也弥足珍贵，是校长们需要重点阅读与反思的章节。

21世纪是个不确定性很强的时代，但是我们从事教育工作和学校管理工作，需要在不确定性当中去寻求确定性，否则，我们的精神世界和行为系统将无所依着。这个确定性包含了对于孩子的热爱、对于教育力量的确信、对于学校变革的坚持。此外，作者从学校变革八个步骤及具体的案例中，提炼了"使命—情感—思维—行动（META）"作为变革"DNA"，不仅有助于变革型学校的成员们"复制"，还能够为愿意变革的校长们所"移植"，以帮助更多人具有变革领导力，促进更多的学校变革发生。

褚宏启（国家督学，北京开放大学校长，北京师范大学教授）

2022年11月15日

序 二
PREFACE 2

2022年，不平常。能完成一本书，不简单。《提升学校变革领导力》这本书，源于作者不懈不倦的坚持和思考。

这种坚持源于热爱人生。人生一词能够包括生活、生命、工作、生存状态和过程，它需要自我管理。生命以负熵为食，向死而生，子子孙孙，无穷匮也。管理逆熵做功，其目的是追求确定性，获得安全感，锻炼变革力。电影《肖申克的救赎》的主人公安迪，被误判进狱后，首先说的一句话是，人活着总得干点什么。所以，他淡定地计划着，做海报，办图书馆，越狱并告发监狱长，救赎身体和灵魂。影片的社会性思考意味深长。在马克思那里，人的本质的实现是对劳动的全面占有。这分别是现实版和理论版的对人生本质的思考，异曲同工。我们凡夫俗子的生活总是一地鸡毛，但不影响坚强和倔强，每个人都活出了罗曼·罗兰式的英雄主义，那就是在认清生活的真相之后依然热爱生活。生命有限，生活不易，对人生的热爱就是勇敢地活下去，并活得好，活得久，用你认同的意义和劳动进行调节和充实。

这种坚持源于钟情教育。教育向善，立德树人。从事教育的人多半是对教育一见钟情，再见钟情，终身钟情，这种钟情嵌在骨子里，自然带就了一番教育情怀。这是良心的确定性、专业的安全感。作者始终相信教育的价值和学校的功能，好学校助益人的健康成长，并且能够在一定程度上治疗社会。作为专业的教育媒体人，作者的情怀是热的，眼睛是亮的，文字是活的。这本书可读性强，有真实鲜活的事例，有层层入理的思考。作者保持着敏锐的洞察力，能够小中见大，观察教育现象，忧心教育和人的命运，也相信教育会助力美好社会，我们的生活将变得更好。

这种坚持源于思考变革。研究关注根本，笔墨当随时代。作者是勇敢的，选择了关于变革的话题。变革力是必要的，是打破一潭死水的武器。平衡也是必要的，能杜绝无休止的折腾。围绕立德树人的根本任务，教育管理需要不断调整视角和状态，优化过程和绩效，关注人心和质感，追求高质量教育时代所需要的确定性和安全感，创造当下最佳的教育实践。作者的思路是清晰的，由身边的教育现象出发，把过去、现在和未来都串在逻辑延展线上，全书内容紧凑，思路流畅，结构清晰。作者的写作是聚焦的，进行了专业思考，提出了学校变革的八个步骤，提供了操作性知识，明确易懂，一学就会。

取法乎上，保持清醒，积极工作，没错。人生向美好，教育向未来，学校向变革，冲吧。

张东娇（北京师范大学教授）

2023 年 1 月 1 日

第一章

变革是学校对未来的响应

第一节
那些细节带来的教育疼痛

早在2004年，因为自己孩子上学以后所经历的一些事情，我开始关注儿童的上学体验，并随后发表过两篇以"细节的疼痛"为主题的文章，列举了学校所发生的若干案例，针对教师在教育过程中给学生带来的负面影响乃至伤害进行了一些反思。那时候，我认为这些案例并不具有普遍性，也没有进行系统的观察和思考。

后来，我听到了一位身为教育局局长的朋友讲述他儿子的上学故事：某次考试，题目是根据所给的材料发表自己的看法。试卷发下来以后，孩子发现自己一分未得，他很不服气，去找老师，并和老师争论起来。老师说，因为他写的不是标准答案，所以不能得分。孩子反问：题目明确说了，让我们发表自己的看法，怎么还有标准答案？师生为此僵持了一个月之久。孩子本来希望得到局长父亲的支持，但发现父亲并没有采取行动。最后，孩子认识到自己还要与老师长期共处，僵持了一个月以后，就主动妥协了。对此，朋友说他很为难，他肯定不能用权力去对老师做什么，但又为孩子的境况感到难过。最后，他感慨道：孩子的妥协就是教育的悲哀。

他的故事让我意识到，如果一个教育局局长都难以帮助自己孩子摆脱这种不愉快的遭遇，那很可能意味着有更多的儿童在学校经历这种遭遇。我在很多场合讲过这个故事，因为这个故事及其中的细节表明，我们的教育体系具有典型的"线性"特征，即学生按教师的预期，从已有的材料出发，沿着一条被规定好的线路，得出标准答案，如果偏离线路和答案，就会受到惩罚。这种直线的、单维度的且缺乏变化的基本结构，反映了学校这个机构的基本运转方式。按照这个运转方式，教师并没有做错什么，但是，孩子遇到困惑时的不甘、反抗乃至心理上的疼痛也是真实的。

长期以来，学校被认为是儿童社会化的主要场所。儿童社会化意味着：儿童是未长大的成人，他们在当下不具有社会性，通过学校教育后，才会在将来具有社会性，成长为符合成年人期望的人。学校通过建立统一的、可预测的行为标准，将社会的规则和各种期待灌输给他们，使他们成为未来社会的"合格"一员。

按照这一功能，学校设定了高度线性的结构。一方面，教师的教学形态高度结构化，从备课到上课，从导入到讲解、提问、练习，通常都是精心设计的，学校也往往以环节是否完整、教学任务是否完成来评价教师，最后，以能否考出好分数和升入好学校来评价教师。肯·罗宾逊（Ken Robinson）爵士在 TED 演讲中曾批判过"大学起源于幼儿园"的现象——任何个体的儿童从幼儿园开始，就沿着这个线性体系轨道前进，每做对一件事，就会向后半生想要的生活接近一步。因此，大人们为儿童选择"好幼儿园"，继而上"好小学""好中学"，最终目的就是上"好大学"。而这个"好"的判断，往往是基于"分数"和"排名"。

在这个结构中，学生的个体特征很难得到关注。曾经听过一堂数学课。孩子们按照老师的引导，认识了平面图形以后，进入了教学实践环节。教师设计了一个游戏，孩子们被要求选出两个完全相同的图形，然后用它们拼出大的图形。其中一个孩子把两个三角形的直角边和斜边相接，怎么也拼不出一个规则图形。老师问他："这样可以吗？"孩子犹豫地说："不可以。"老师毫不迟疑地要求："请同桌来完成。"于是同桌帮他完成了，这个孩子成了自己活动的旁观者。我们可以想见这个孩子当时的沮丧。所以，学校需要给教师更多专业自主的空间，帮助教师更用心地体察儿童的需要，在课堂上从容一些，能够等等"慢"

的孩子。

线性的教育体系容易用"成功"和"失败"的二分概念作为评价标准，促使儿童追求成人设定的"标准"，达到"标准"就被定义为"成功者"，反之就是"失败者"。害怕失败很容易让儿童产生巨大的心理阴影，让儿童畏首畏尾，不敢尝试，不仅失去学习的快乐，还会产生恐惧，而恐惧正是学习的敌人。一旦学生偏离成功轨道的预设，部分教师还倾向于给稍有"出格"的学生贴上某种标签。有一个孩子无奈地写道："只要做错了一件事，就意味着你一无是处，而且一直是。"

由此，我们需要对教育文化进行反思。几年前，我在一所学校参加活动，请老师们回忆自己中小学时期印象最深刻的一件事。我惊讶地发现，大部分老师所说的都是很不愉快的故事。其中一位中年老师这样说道："我读中学的时候，数学老师当着全班同学的面批评我说：'你是教师子女啊，怎么不会做题？'我想，教师的孩子就一定要什么都会吗？这个问题困扰了我很多年，从那以后，我上学的整个过程中都不敢说自己的家长是教师。""教师的子女就应该比别人更会做题"的观念是怎么来的？仔细想想，教育体系沉淀了很多我们认为是不证自明的东西，如"教师拼命教，孩子就一定能学会""学被视为教的结果"等，而这些潜在的认知既没有逻辑性，也不符合教育规律。

多年以来，众多研究者都对这一体系提出了改进方案。在这些高度理性的话语背后，我们应该看到每一所学校、每一个具体的儿童、每一位教师在学校里经历的"细节的疼痛"。怎样减少这些疼痛，怎样改善我们的学校文化？我们需要从个体生命、学校及社会发展的相互关联中，寻找破解之法。

人类出现以来，就有比其他物种更加鲜明的特性，他们天生就有好奇心、内驱力和想象力，愿意探索和尝试，并在不断的试错中进行创造，推动人类文明不断向前演进。变革我们的学校，使得学校不断适应时代的变迁，进行系统革新，跳出线性的运转方式，是我们每一个教育人的使命。

第二节
疼痛何来——从"现代学校"的诞生说起

"细节的疼痛"表明,学校整个运转体系存在问题,往往迫使每一个儿童都按照同一个标准进行无差别的学习,即使是当下的一些分层教学,也局限于在学习内容和学习方式上进行突破。要全面解决这个问题,我们需要回溯学校的发展历程,找到问题的根源。

"现代学校"是如何发展的?

16世纪中叶到18世纪末叶,以分工协作为基础的工场手工业在欧洲居于统治地位。工场手工业虽然仍采用手工技术,但分工及流水线的操作方式已经初步成型,劳动工具也逐渐专门化,为进入机器大工业时代铺垫了基础。

生产形式的变化,直接影响了儿童的处境,大量儿童不得不从学徒制的场所离开。社会学者艾伦·普劳特(Alan Prout)指出,工场所要求的技能是儿童不擅长的,儿童不能进入工场劳动,推动了儿童是有依赖性的、脆弱的、需要保护和规范的儿童观的散播。[1]还有一些文献指出,随着父母的收入大大提高,以及医学进步降低了儿童的死亡率,父母们的生育意愿降低了,对子女的预期提高了,他们希望子女能够学习劳动技能,像他们一样进入流水线工作,获得稳定的收入。在阿利埃斯(Philippe Ariès)看来,"学校制"对"学徒制"的逐步取代,让儿童从职业训练场所回归家庭，家庭开始以儿童为关注中心；教育家们呼吁，必须将儿童与堕落的成人世界隔离开来，进行更多的纪律训练，以保持儿童的纯洁性。[2]

这些关于儿童的新认识，推动了工业文明时期学校的出现。16世纪下半叶，荷兰诞生了人文主义拉丁语学校体系。面对猛增的学生数量，共同生活兄弟会修道学校实施了系列创新举措：学生被分成不同年级，年级之间彼此隔离；每个年级有一位老师和一位负责人；相同班级根据语法课程、要学习的拉丁作家的作品和要做的练习进行分级；每个学年或学期以背诵前一个年级所阅读的内容开始；学生在通过测试之后，根据达到的水平定期升级；通过每个年级按10人小组（每个10人小组中有一个组长）划分的形式让学生保持自律，另外还有一个复杂的"监察官"体系，专门负责监督同伴的行为。[3] 这些举措被推广普及，为18世纪工业革命时期欧洲的学校创建提供了经验，成为学校的基本范本。

所以，现代学校制度的早期雏形，反映了16世纪以来的政治、经济、社会和文化变化的需求。"现代学校"正是"现代工业文明"的一种制度化安排，充分体现了与这一文明所匹配的"现代性"，并产生了一种特殊的童年观，即把儿童与成人构建为二元对立关系，把童年看作一种独立的、与成人阶段不同的状态，这是一个将成长为成年人的阶段，一个为成人生活做准备的阶段。在这一童年意义的框架下，"现代学校"的一个重要功能就是将儿童与成人隔离开来，它有自己独特的运转体系。艾伦·普劳特认为："到20世纪初，这些观念已传播到现代社会的大部分阶层和群体中。"[4]

"现代学校"是如何运转的？

工业革命形成的生产方式，是按照流水线规定的程序和环节进行运转，最后生产出产品。这种线性体系建立了对财富的稳定预期。工人们能够对自己的收入有确定性的预判，并由此建立对子女的预期：掌握必要的知识和技能,适应工厂的需要,获得更高的收入。"现代学校"正是培养流水线上作业工人的一种机构。教育学者拉塞尔认为,它要传授的具体技能是阅读、写作和算术,能读懂指令、能处理相应的文件、能学会度量问题,为进入工厂作准备。[5] 为此,教育系统开发了传递知识的载体和工具,以及课堂教学的基本规范和流程,如教材、课程、教学法等。特别重要的是,教育系统确立了学校运转所需要的强制性的评价规范,如学业标准、合格标准、毕业标准等,并配合以评价策略和奖惩体系(见图1.1)。

图 1.1　学校的运转体系

课程、教学、评价自不待言。"纪律",在这里主要是指学校制度、组织结构和学生德育等。实际上,按照政策对德育的要求,德育包含在课程、教学、评价等所有板块中。"空间"的内涵要更宽一些,主要包括物理空间和虚拟空间,以及学校文化氛围(组织文化和亚文化)等。教师通过日常教育活动实施课程、教学和评价。下面,我们一起来看看以上结构有哪些缺陷。

课程设置限制了儿童与真实世界的接触。"学校为儿童向成人身份转变提供了安排好的时间通道;同时,他们对儿童如何度过每一天也做出了限制。在这种规划中,分析的单元并不是作为建筑或机构的学校,而是作为社会过程的'课程',是它推动了作为正式组织的'学校'的产生,并为其赋予了意义。课程策略性地将空间、时间、地点、内容、联系、孤立、隔离、整合和等级结合起来,设计出儿童在学校内的总体经验。"课程"含有关于人们（主要是儿童）最好成为什么样的人的假设"。[6]

也就是说，为培养工厂的工人，"现代学校"的课程是高度结构化的，按照预设和规范推进，学生所学跟真实的生活之间缺少足够的关联。通过课程实施和作业、考试评估等环节，最后得到的、需要的都是正确答案。如果出了差错，就很容易成为流水线上的次品，进而成为被分流的对象。有一位大学生这样说："我高二时期的语文老师换成了经验十足的老教师，他很鼓励我们阅读，但是他要求我们写读书笔记——不只是简单地画线摘录，而是一定要写下书面的见解和感受。有一些书籍，我只是出于好奇去看，最后没什么感触，自然笔下写不出什么东西。于是在他的强制要求下，阅读成了负担，极大地打击了我的阅读兴趣。"这位老师提倡阅读，但是他的出发点过于功利，这遵循了教育体系的要求，但却扼杀了学生的阅读热情。

心理学家欧文·亚隆（Irvin D. Yalom）认为，人生的困扰之一，就是生活并无显而易见的意义可言。工业文明时期学校课程的主旨、结构和实施方式都容易导致学生脱离实际生活情境，难以获得内心的愉悦。这是学生与学校教育冲突的一个重要原因。

教学往往遵循教师的预设轨道。传统的备课方式有一个预设，即所有学生共同行走在一个轨道上，结果就是教学很难回应学生的个性及其好奇心。有一位学生说："高中的时候，我因为爱看书，总产生一些想法，想去问老师，但老师总是会反问我'这些考试会考吗？'"在课堂教学的过程中，每当有孩子提出与预设轨道不一致的问题时，老师总能够策略性应对，将其拽回预设的轨道中。我听过很多这样的课，学生在课堂上那些富有创意的"生成"，就这样被浪费和忽略了。教师对学生差异性的忽视，大大降低了学习结果的多样性。

评价标准单一。评价问题总受到最多的关注，也受到最多的批评。关于考试制度改革的文献已经汗牛充栋，考试时间、内容、方式都关乎考试技术，但评价制度的价值取向才是关键。工业文明下的教育体系，其评价标准相对单一：成功或者失败。每一个儿童都在别人的期望中被反复掂量，只要做不到就被定义为失败者，就是流水线上的"次品"或者"废品"，被淘汰、分流或惩罚。有一位学生回顾道："每次月考班上都会公示成绩，我最要好的朋友特别担心，因为她在班里的成绩特别靠后。一次家长会上，班主任把名次贴出来了。第二天，我看到朋友的胳膊被她母亲拧得青一块紫一块。其实她很努力，但家长不关心原因，只关心最终成绩。"在这个过程中，学校也很少讨论影响学生学习的方法和其他非智力因素。

在这个框架下，课程的设计者把学生的学习当作一个生产正确答案的过程。教育学者约翰·霍特（John Holt）描述道："老师提问时，心里想的以及耳朵里期待的是正确答案，这表示他教得很好，可以继续教下一段。当他听到近似正确答案的回答时，往往便以为是正确的，因此学生若是没有把握，咕哝一句是很安全的方法。"[7] 显然，当学生能够说出正确答案的时候，他可能完全不理解答案是什么意思。学校所采取的评价标准与策略，很难发展学生对事物的深度理解，更难以产生高阶思维。

显然，这是一种外部评价，而不是儿童的自我评估。有一个老师问初三毕业班的学生：你们来学习的目的是什么？没想到学生齐声回答：为老师的前途。有学生还特别强调，是"钱"途——这可能是因为学生得知了教师奖励与学生成绩的关系吧。当学生不断接受测试，成绩还要与同伴作比较时，有些学生就会被贴上"懒""不认真""你也就这样了"等标签，这种情况不断反复，学生就会认同"我不行"等负面信息。这不仅让这部分学生失去好奇心、自信和激情，还会严重伤害其自我认知和情绪发展，失去对自己的信心。

"纪律"实际上被评价规则所规定。有这样一个故事："小学的时候，有一次我在铅笔盒里放了 100 元钱，但被人拿走了。其实我就在不远的地方，看到了是谁拿走的。我跟老师说了是谁拿的。但老师反过来问我，那个学生成绩那么好，怎么可能干这种事？很长一段时间，我一直困扰于这个问题,成绩好就不会偷东西吗?"我们可以讨论一下,教师作出判断的依据,是"成绩好品德就好"。这其实就是学校运转体系所沉淀的文化范式。这种"一俊遮百丑"的评价习惯,在学校里很常见。这样下去,学校德育工作又如何有说服力呢?学校所设置的针对学生德育的机构名称的变化,也有着重要的"纪律"意义,以前这个机构曾经叫"训育处""教导处",这是典型的成人中心主义的命名。所幸,这一机构后来改称"德育处""学生发展中心"等,我想,这是因为我们对儿童的认识发生了变化,是儿童观、学生观变迁的结果。

"空间"更多体现权威和分层的意义。科层制管理体系是一种权威主义架构。在这个体系里,"个人"及其差异性和能力不会被过多关注。教室作为学生停留最多的空间,是这种架构的典型表征。传统的"排排坐"的方式,看起来就充满了秩序感,高出一截的讲台,也更好地突出了教师的权威。教师是这个空间中的绝对权威,教师往往直接决定着这个空间的教育效果。我在一所民办学校开展教师研修活动时,邀请老师们回想关于学校的深刻记忆。有一位老师回忆说:"小时候一个同学的东西丢了,老师就让所有的孩子坐在座位上,说他现在来摸每一个孩子的心跳,谁跳得快就是谁偷的。现在我当老师了,每次有学生说东西丢了,我自己心脏都会跳得比平常快。我坚决不会对学生干这种事。"这个例子中,教师的随心所欲严重损害了儿童的身心健康。另一位老师回忆说:"我读初中时,有一个女同学因为触犯了纪律,被老师关进了黑屋子,很久才放出来。我那位同学就没再上高中,现在一直有精神分裂的症状。"黑屋子是教室空间的延伸。拥有绝对权威的教师如果没有正确的教育观念,使用了不当惩罚,那么就会对学生的一生带来阴影。

学校的课程、教学、评价、纪律与空间等因素,与工业文明的机械化、流水线运转、对次品的淘汰机制等高度吻合,从而形成了"现代学校"中高度结构化的课程、标准化考试、高度行政化的干预措施、成功与失败的二维评价标准等特征(见下页图1.2),使得学校非常容易陷入僵化与封闭。

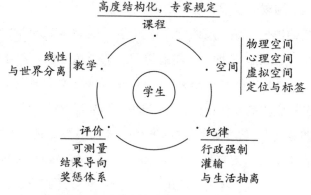

图 1.2 工业文明时期学校的运转体系

作为儿童"社会化"的必经渠道，学校要求学生们去适应它，遵循它所规定的标准。"现代学校"的线性体系与工业文明的稳定预期是匹配的：只要我们前面做对了，就会获得相应的结果。因此，学校空前重视学生学业成绩，家长如此，企业等社会机构也如此。尽管对学业成绩和教育成就的界定相当狭隘，但每一个人都按照这个体系的要求去努力实现它，让学生获得可测量的进步。这就很容易导致学校的管理者、教师、家长，尤其是学生，都处在前所未有的压力之下。

当然，几个世纪以来，现代学校系统也在不断进步。我们的教育理念不断革新，更加强调儿童的主体性、主体经验和主体意识等，让"现代学校"更多从儿童中心的立场反思，课程理念与教学观念、评价观念得到了空前的进步。由此，学校的变革就成为一个必须面对的课题：如何改进我们的学校，使之跟上时代的脚步，向着人性化、科学化的方向不断变革？

第三节
对学校变革的期待

尽管"现代学校"的运行机制与工业文明的流水线体系相适应,为工业时代培养了大批合格的"社会人",但工业文明的机械化、控制的特征与人类的天性存在冲突,这个天性就是好奇心和对探索的渴望。工具化的取向很容易遮蔽人自身的发展需求,导致人性的压抑,带来人的单向度发展,以及学校里幸福感的缺失。与此同时,这也意味着工业文明本身就包含了内在的文化冲突,从而为学校改进提供了可能。过去几个世纪里,人们一直为改善"现代学校"的运转体系而努力,试图提供一种从工业文明学校体系向后工业文明学校体系转型的可能路径。

后工业文明是以现代通信技术尤其是互联网技术为基础的文明,它改变了此前工业文明时期特有的"确定性",让这个世界充满了"不确定性",从而也希望人变得更具内驱力、更有创造性,能够运用知识而不只是记忆知识,从而能够解决不确定性情境中的问题。人的主体性得到弘扬,意味着学生的"学"的地位需要被重新认知,意味着学校的教育环境要服务于"学"而非"教",这就需要一种更加宽松的空间,释放学生的内驱力,使学生在教师的指导下寻找到最适合自己的方法和工具,主动探索,建立知识和生活、自我与外部世界更好的联系,并创造更好的观念和方法。当然,众多专家学者们的表述可能各有不同,但都强调了以学生为中心改革学校运转体系的观点,希望学校可以呈现出如下图景(见下页图 1.3)。

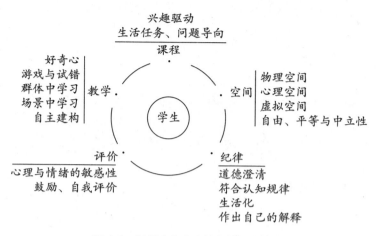

图 1.3　以学生为中心的学校运转体系

课程方面，更能满足学生个性化成长的要求。例如，开设自助餐一样的课程菜谱，由学生根据自己的兴趣和爱好进行选择，从而为学生提供多种多样的可能。通过在真实的生活情境中完成真实的生活任务，将自己的经验、知识与问题解决结合起来，充满自驱力地完成学习任务，从而更好地了解自己，发现自己的内在力量和天赋，为今后人生的充实和创造性工作提供基础。现在，很多学校已经开始重视选修课程，推出课程超市、个人课程表等，这都有助于使课程更加匹配学生的个性。增加课程的选择性和弹性，给学生提供足够的空间，并让学生自己去探索、反思、形成经验，都是为了更好地服务于学生的个性化学习。

教学方面，倡导自我导向的学习。自我导向的学习，建立在"学习是学生的天然权利"以及"学生对自己负责"的基础上，这才更加符合"学生中心"的理念。必要的时候，教学可能需要打破按照年龄分级、按学习程度分班的结构，让学生在群体中学习、混龄学习。一百多年前，蒙台梭利就批评说："把人根据年龄分割开来，是一件非常冷酷又不符合人性的事情。对于儿童也一样，这样会打断生活之间的联系，使人与人之间无法互相学习。"自我导向的学习并不否定教师的作用，教师仍然是学生学习的重要"他者"，和学生们一起学习，形成"共进"

的关系。自我导向的学习，最关键的是学生的"自主建构"，通过动手创作、讨论和反思，有效形成高阶思维，实现素养提升。

评价方面，要致力于让学生形成对自己的正确认识。 评价会让学生把自己跟别人区分开来，了解到自己的兴趣、特点，形成对自己的理解，建构出"自我"，从而更好地建立与社会和他人的关系。良好的外部评价有助于学生形成对自己的正确认识，但不好的外部评价会让学生过高或过低地评价自己，难以正确认识自我。过去，由于对成绩的过分追求，我们的学生评价不够合理，也很难引导学生全面发展，这是传统学校体系备受诟病的弊端之一。我们期待学校的评价可以促进学生的自我评估，为其成长提供外部的反馈与互动，并在这种评价中看到未来的努力方向，将其纳入对自我的认识中，获得安全感，提高自尊，完善人格。

纪律方面，通过情境和自我解释给学生提供道德发展的机会。 灌输式的道德教育很难帮助学生实现道德发展。我国的课程改革一直提倡学科德育、生活德育，就是希望学生在日常的实际生活中，形成理性的道德认知，并用以指导自己的日常行为，从而提高道德水平。

空间设计方面，教育空间要包容并尊重个人差异。 例如，教室空间应该考虑更多的功能，方便学生听讲、自主学习、动手体验、合作讨论等。学校可以研究如何改进传统教室的尺寸、固有设计和学生的座位排列方式，以体现平等对待每一个学生的基本理念，适应多元的学习方式，并为教师在教室中的位置、姿势、随机评价等提供方便，更好地体现教师作为"导师"的激发、唤醒和引导功能。新时代学校的空间应该更好地支持学生自我管理、自我激励和自我建构。

总体上，后工业文明时期的学校，应该是一个以学生为中心的教育体系。

我在2015年第5期的《中小学管理》上发表过关于"什么是好学校"的简单思考，提出了"好学校"的几个特征：

第一，它是安全的。这不仅是指身体的安全，更重要的是指心理的安全。在这个学校里，学生可以自由地游荡，在这里探索一下，在那里发呆一下，在一个安全的环境中行走，不受"非儿童"的约束、训斥和心理威胁。

第二，它让儿童处于生命自在的状态。这种自在，就是能够用自由的心智单纯地去看待生命和事物。克里希那穆提说："用自由的心去看，一切都是新的。"这种自在能够让儿童欣赏小河的美，也能够听见树间习习的风，这是一种创造的状态。

第三，它帮助儿童建立生命的厚度。儿童只能困守在四方的教室里，满脑和满眼只有那些书本和作业，每天都被考试、排名以及各种各样的纪律约束的时候，其实已经脱离了给他生命提供基本滋养的土壤，这个土壤就是朋友、社区、邻居、大自然。

第四，它能回应儿童的想象、好奇和探究行为。我们知道，想象、好奇、探究，这些都是儿童的天性，好学校要做的，就是顺应他们的天性，并顺势而为，给他们提供适当的支持，满足他们的生命欲望，激发他们的创造力。

以上是对"新学校"期待的一些表达。那么，如何让这些理想学校成为现实？这需要有效的学校变革，这也正是本书的重点。

第四节
本书的基本结构

过去十多年，本人结合自己的岗位需要，一直从事学校特色建设及整体改进的工作。疫情期间，我静下心来对这些经历进行回望与反思，试图做一下学校变革的理念与路径的整理。为此，我梳理了自己主持或参与的几十个项目的资料，也重点回访了其中十多位成功实现学校改进的校长，他们无私地分享了领导学校变革的经历。在此基础上，我提出了学校变革的八个步骤（见下页图1.4）。

第一步是重塑学校理念。学校的变革是整体性的，是所奉行的教育哲学发生变化之后的变革，因此，首先要重建学校文化理念体系，通过将文化与课程教学等改革建立联系，促进全体学校成员形成变革共识，采取变革行动。对学校文化理念这个概念，可能会有诸多不同的理解，本书的观点只是基于自己的项目经验，在此不作学术讨论，可以确定的一点是，学校文化具有内生性的特质，它代表了学校对个性化办学的追求。这是建立学校变革领导力的基础。

第二步是文化引领行动。提炼出的学校文化理念体系就像一个研究假设一样，必须在学校的各项工作中去应用、检验和反思，通过人们的行动，渗透到观念中并形成理念体系所期待的文化氛围。其中，培养目标尤其重要，它是学校课程改革的逻辑起点，并逐步推动课堂教学、评价、教师、组织结构和学校空间等全方位的变革。

第三步是建设团结团队。变革型学校的校长将自己定位于领导角色,不当英雄校长,通过制度、规范和情感等将其班子成员、中层干部和教师团结在一起,形成每一个成员都能感觉到的信任关系,使得每一个人都愿意为学校变革付出。同时,还要处理好外部的关系,这有助于学校内的团结。

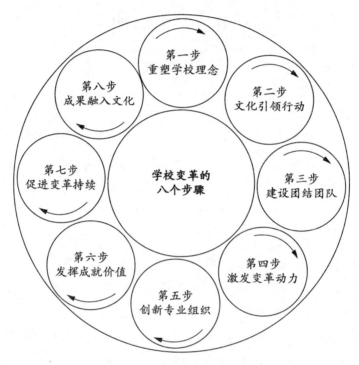

图1.4　学校变革的八个步骤

第四步是激发变革动力。我所主持的学校整体改进项目,加入的基本都是薄弱学校。一开始,他们的职业信心和自尊感都处于很低的水平。在这种情况下,首要的任务就是唤起教师们的职业自尊,抓住特定的、稍纵即逝的变革机会,激发起全校成员的变革动力,形成内容由点到面、人员由少到多的变革趋势,这也极大地考验着校长的智慧。

第五步是创新专业组织。国家政策是推动中小学变革的主要动力。变革型校长在学校内建立横向的领导力量,让自己成为"领着干"的人,建立起与科层制管理体系不同的、以革新为导向的专业团队。这种专业组织结构与科层制组织体系互相支持，形成支持学校变革的"双元驱动"组织结构。校长必须采取多种方式支持专业团队的成长。

第六步是发挥成就价值。取得的初步成就能够有效建立教师们对变革方向的信心，促进他们采取更加有力的行动。初步成就必须是"可视的"，在教师、学生、校长和学校身上都有所体现。变革型校长要把握初步成就的基本特征，并想方设法实现其价值的最大化。此时，校长需要静下来再次审视变革环境，为下一步行动作好准备。

第七步是促进变革持续。所有的变革都具有脆弱性，这对校长的变革领导力提出了考验。校长要树立变革的整体观，通过制定年度变革主题、谋划变革次序、寻找变革新生长点等，保持变革的平衡性和渐进性，才能最终实现变革的深入。其中，教师是影响变革的关键因素之一，因此研判教师状态、进一步激发教师活力尤其重要。

第八步是成果融入文化。经过一个变革周期，学校文化理念体系逐步沉淀为具有"一致性"的价值观念、制度规范、思维方式和行为模式。此时，每个成员都认同这种文化，并以自觉的行动来践行这种文化要求，校长尤其如此。经过检验的文化理念更具有包容性和弹性，能够有效解释新事物，服务于学校的个性化发展。

以上是本书的第三章内容，也是本书的重点。

变革，是时代的要求，也是对未来的响应。本书的第一章旨在阐明学校变革的必要性，并在此基础上提出变革学校的基本框架。

第二章"学校变革要关注的维度"试图表明，学校变革不是某一个具体的改革项目，而是整体变革。因此，我们需要建立更宽阔的视野，通过梳理儿童观的变迁和学校的时代性，把握学校变革的要点和脉络，分析学校的具体困境。

儿童观的变迁是审视学校变革的重要维度之一。随着对儿童的重新发现，儿童的价值被重新评估，儿童是能动的社会主体的观念得以确立，儿童立场逐渐成为学校变革的重要价值取向。另一个维度是学校的时代性。时代和技术的变化推动着学校的升级换代。学校需要培养儿童解决多元、多样和不确定问题的能力。带着这样的认识，我们进入具体学校，将学校的变革文化作为第三个维度。学校的儿童观、所处发展阶段以及教师的状态等，都是学校变革需要考量的因素。

基于上述维度，接下来，我们需要讨论"学校变革"和"学校变革领导力"的内涵。在"学校变革"概念的基础上，我认为，"学校变革领导力"是校长领导力及所有学校成员领导力的融合。校长通过文化引领，确立学校使命，创新新型组织，与学校成员间建立连接，然后采取变革行动，在实现学校成功变革的同时，培养全体成员的领导力，涵养变革的学校文化根基，从而深入和持续地推动学校变革。"学校变革领导力"在第三章的变革八个步骤中有着充分的体现。

本书的第四章将以"成为变革型领导者"为题，讨论变革型校长的特征。结合学校变革中诸位校长的案例，本书提炼出了定力、动员力、行动力、关系构建能力、思考力和技术变革力，作为变革型校长的基本特征。这些特征提升了他们的领导力，也提升了他们培养学校成员领导力的能力。本书给变革型校长提出了一些建议，希望校长更加敏锐、信守承诺、敢于行动并且将变革坚持下去，进而实现有效变革。

最后结语以"复制变革 DNA：帮助更多人具有变革领导力"为题，通过全书的变革型学校和变革型校长的案例，提炼了"使命—情感—思维—行动（META）"作为变革"基因"，既可以为变革型学校的成员"复制"，又能为愿意变革的校长"移植"，形成变革领导力，促进更多的学校变革发生，这也是本书"变革领导力"的内涵所在。

第二章

学校变革要关注的维度

第一节
儿童观的变迁

回溯"现代学校"受到的批评，我们注意到，对儿童主体性的忽视一直是批评的焦点之一。儿童观的变迁，或者说如何认识和看待儿童，是学校办学思维的重要基石，相应地，儿童观的变迁，将会对学校的变革产生重要影响。哲学界和思想界对于儿童的认识，一直处于不断的变迁中（见表2.1）。南京师范大学的刘晓东教授，非常系统地介绍了自中世纪以来的儿童观变迁历程。[8]

表2.1 中世纪以来的儿童观变迁历程

时代	古代	中世纪	文艺复兴时期	启蒙时代	19世纪	19世纪	20世纪
儿童观	小大人	儿童生而有罪	新人类观	儿童有其独立存在的价值	科学儿童观	尊重儿童	儿童为中心
代表人物	亚里士多德 克莱门特 圣·奥古斯丁	安塞姆 圣·帕齐缪斯 圣·巴西尔阿尔克温	胡安·华尔特 伊拉斯谟 夸美纽斯 拉伯雷 维多利诺	洛克 卢梭	裴斯泰洛齐 赫尔巴特 福禄贝尔	冯特 普赖尔 达尔文 斯坦利·霍尔	艾伦·凯 杜威 蒙台梭利 格塞尔 皮亚杰

在古代、中世纪两个时期，大量思想家对"小大人"及"儿童生而

有罪"的观念进行了批判性探索。而此后的五个时期，思想家、教育学家、心理学家都是以新的儿童观探索教育的各项命题。我们需要关注的是，基于上述儿童观的变迁历程，思想家们对工业文明的学校体系进行了什么样的新思考和新探索。

思想家与学科大家的观点及行动。"现代学校"制度出现之初，16世纪的法国人文主义思想家蒙田就对当时的学校问题有着深刻的认识。他说："我不愿人们把你的孩子当成囚犯，不愿把他交给一个性情忧郁、喜怒无常的老师看管。我不愿腐蚀他的心灵，让他和其他孩子一样，每天学习14、15个小时，像脚夫那样受苦受累。"他认为，理想的教师应当有"头脑和知识"，具备道德品行和理解能力而不只是拥有科学技能，他应当特别注重了解儿童的天性，引导儿童适应并接受他讲授的课程。中学老师最大的错误恰恰在于"不管学生的能力和习惯多么相异，课程和方法却千篇一律，因此毫不奇怪的是在一大堆学生中，能学有所成者寥寥无几"。蒙田认为："教育最重要的内容可以通过人际交往和周游列国来实现。……好奇心在日常生活经验中所发现的理智，比死背书得来的才能更有价值。"[9]

启蒙时代以"儿童的发现"为特征，儿童被认为有自己的需要，有不同于成人的精神生活，儿童期有其独立存在的价值。正是因为对儿童的认识发生了革命性的变化，这些思想家对"现代学校"也提出了他们的思考。

英国思想家洛克认为，教学首先应启发儿童求学的欲望，教师应向学生讲明白学习的重要意义，"故意使他们看到新奇的事物，使他们发生问题"，要让学生把"求学当成另外一种游戏或娱乐去追求"，让学生集中和保持注意力是"教员的巨大技巧"[10]。

洛克的观点影响之巨大自不待言，这里不多引用，只想引用台湾学者熊秉真教授将其与几乎同时期的中国明代的王阳明的观点相对比的结论。她说："两人的共同点代表近代东西方对幼教及幼儿关心潮流的一个起点，这个起点共同的开端是质疑孩子是否是一张所谓白纸，尤其纳闷人性在原始自然情况下到底是一种什么状态。二人的共同特征包括：一，都非常关怀所谓自由人的问题，也就是没有外力干预、文明引导时，人原来的本性、潜能。二，都很重视人与人之间的平等，包括教育机会的平等。三，在乎人的生活品质，尤其从幼儿开始，身体、心灵跟精神的均衡发展，使他们对原来以智育或宗教为主的文化传统，提出身心情意并重的呼吁。四，他们都非常重视孩子的感受，认为儿童应成长于一个愉悦而少障碍的空间。"[11]

从《爱弥儿》里，我们能读到卢梭的自然主义教育的基本观点，以及对学校教育的变革期待。在卢梭自然主义理论的基础上，裴斯泰洛齐、赫尔巴特和福禄贝尔相继进行了学校教育改进的实践。他们分别创办过实验学校。在他们的办学实践中，注重儿童的内在本能、游戏的天性、自我探索的能力、儿童的差异、爱的教育、人的发展的连续性，以及因应天性的管理措施等，这都在试图消解工业文明时期"现代学校"的弊端。

19世纪以来，基于人文主义的传统及对儿童个性发扬的尊重，欧洲各国出现了各种新型的实验学校，其出发点就是对已有学校体制的不满。1931年，商务印书馆出版的《欧洲新学校》一书记录了欧洲20世纪初期12所实验学校的办学情况，其中"前言"引用了汉堡一位教师的观点："你们以为各事各物都安排好了，你们以为拿永远不变的情况教育你们的儿童，你们希望你们资本主义的、工业主义的社会继续不变，因此你们要使你们的儿童在这固定的社会秩序中有效地生活着，乃为他们做一种合于科学的预备。在我们这儿，德国，便不相同。我们不知道'将来'对于我们是怎样，我们要学的只是深切的观察。我们认为最精要的事体，便是各人的个性的自由，每个人的灵魂的自然开展和扩张。"[12] 因此，这本书所记录的欧洲新学校都在探索新型教育实验，都不甘于彼时的学校设计，而要自开蹊径。这些学校的基本理念是，尊重儿童个性和差异，给儿童信心，找出其才能所在，然后发展他们，并不把同一的教育给所有的学生。这就是对儿童个性化学习的一种提倡。并且，这些学校提倡的观念是学生没有失败，只有差异。

发展心理学或许是对20世纪至今的儿童研究产生直接影响最大的学科之一。发展心理学主要是用实证研究的方法揭示儿童的认知发育和情绪发展规律，从而为建立科学的学校体系提供重要的思想资源，为学校的科学运转提供重要依据。

在几个世纪学科发展、思想革新的基础上，20世纪的教育改革运动格外活跃。杜威明确提出，学校应该以儿童为中心来组织教学、课程和教法等，这是后来强调从教师中心、教材中心转变为学生中心的基础。杜威的"教育即生活""学校即社会"的思想，力求让学生将知识与生活连接起来，在"做中学"。教师不仅是简单地从事于训练一个人，还从事于引导学生学会过适当的社会生活。因此，儿童与教师的关系应该成为社会中儿童与成人的新关系的模板。基于对儿童的重新认识，这些阐述深入到了"现代学校"的内部，提出了学校运转体系变革的新维度和新思路。

儿童观与儿童权利的全球法律行动。儿童观的变迁同样是一个文化全球化的过程，它影响了全球关于儿童权利的法律，同时，关于儿童权利的法律也进一步推动了全球儿童观的变迁。

1924年，国际联盟颁布了《日内瓦儿童权利宣言》，这是第一个关于儿童的国际协议，规定了所有国家的男女都应承认人类负有提供给儿童最好东西的义务，这被称为"普遍的儿童对待原则"。不过，该宣言将重点放在成人对儿童的责任上，其中第五条规定，"我们应当教导儿童，使他从小就觉悟他有竭尽才能、服务社会的责任"，体现的正是与"现代学校"运转体系匹配的现代主义儿童观，即儿童是不完善的、非社会的，且具有依赖性。

1989年，联合国决议通过的《儿童权利公约》超越了这种现代主义儿童观，提出了儿童的社会参与权的问题，认为儿童有参与家庭、文化和社会生活的权利，以及对影响他们的一切事项发表自己意见的权利等。

这是儿童观的一次飞跃，至少在三个方面对全球各国的教育理念、学校课程改革等产生了广泛的影响。第一，破除了沿袭几个世纪的"成人—儿童二元论"，弱化了儿童与成人的边界。它使人们意识到，儿童是可以与成人互动并共同建构规则的人，这意味着现代学校开始了童年社会学家描述的"逃离现代性"的历程。第二，儿童被定位为参与社会的积极的生命个体，是积极的社会行动者。儿童的利益、愿望、要求、观点和声音必须得到重视，这实际上提出了儿童的"自主性"问题。由此，学校的所谓实现儿童"社会化"功能也遭到批判和质疑。第三，儿童的参与权这一主题，对学校的变革具有特别重要的意义。各国课程改革中越来越多地增加儿童参与社会事务、在真实情境中解决问题并发表意见等方面的内容。

总体看来，20世纪的思想提供了一种新的、后现代主义的儿童观：儿童不是消极的，也不是等待长大的不完整的人，儿童不能被看作"尚未社会化"的人，他们具有积极主动、独立自尊、有思想、能创造的品格，能够在社会生活中与成人互动并共同推动社会进步。

我国国家层面儿童观的变迁。国家层面的儿童观是国家对儿童及其意义、儿童权利及儿童发展等问题的总体理解。国家儿童政策系统反映了国家层面的儿童观。

1989年，联合国通过《儿童权利公约》后，我国全国人大常委会于1991年12月批准加入该公约，并于1992年3月1日生效，为我国1992年首次制定《未成年人保护法》营造了良好的氛围。随后，教育等领域相关法律条款的修订，都对儿童的权利与义务进行了规定，关于儿童的法律体系逐步完善。除法律外，我国还分别于1991年、2001年、2011年和2022年发布了四份"中国儿童发展纲要"，作为儿童保护与发展的国家方案。这些着力于儿童生存、保护和发展政策的法律性文件，表达了我国现代儿童观中最基础的含义，构成了我国国家儿童观现代化建构的基本脉络。

首先，强调"儿童本位"或者"儿童发展本位"。主要体现在这样几点：（1）儿童有自己的身心发展规律。（2）儿童有自己的认知规律。尊重不同年龄学生特点的观念开始渗透到具体学段的课程和教学要求中。（3）每个儿童都有自己的潜能和个性差异。以课程政策为例，我国的历次教材改革和课程改革都鼓励学生"有个性地学习""发现和发展多方面的潜能"，并着手建立"促进学生全面发展的评价体系"，帮助学生认识自我、建立自信。

第二，教学中的儿童由"接受者"转变为"主动发展的人"。在政策话语中对儿童观的表述逐渐转变。例如：从"促进学生生动活泼的发展"，到"促进每个学生主动的、生动活泼的发展"；以"学生"作为宾语的动词，由"让""使""加强"逐步转变为"激发""帮助""促进"等。这些表述使得儿童的主体地位凸显，"儿童是能够主动发展的人"的儿童观更加清晰，呼应了《中国儿童发展纲要》中提出的"保障儿童参与家庭生活、学校和社会事务的权利"。有理由认为，学校发展学生分析和解决问题的能力、实施德智体美劳五育融合的教育等，都是落实儿童"参与权"的课程实践。

第三，儿童的学习内容由重视"学科体系"转变到更为重视"生活体系"。过去，我们强调"基本知识、基础理论和基本技能的培养和训练"，在对儿童的认识发生转变之后，我们对儿童成长与知识学习的关系也发生了转变，从学习知识转变为要让学生感受、理解知识产生和发展的过程，然后再进一步转化为知识、技能，并生成正确的价值观，"教育"不再完全等同于"知识教育"，儿童不仅学习知识，还要将知识应用于真实问题的解决，并生成经验、方法及理解。在这个过程中，儿童的主体性得到凸显，成长为有责任感、创新精神和实践能力的全面发展的人，这是国家期望的新的人才"规格"。

以对儿童的重新认识和国家政策所体现的儿童观为基础，社会各界在"如何看待儿童"的问题上需要达成共识，学校的深层次的变革，也应当体现这种共识。

第二节
学校的时代性

不断变化的时代要求,让现代学校体系面临着巨大的挑战。如果学校仅仅满足于培养当前社会所需要的人才,满足于当前经济发展的需要,满足于运转的有序、高效,而不考虑时代的变化,那么,很快就会会失去适应和应对未来变革的能力。

通讯技术革命改变了工业文明时期的"确定性"

蒸汽机的发明推动了以机械化为特征的工业革命,实现了铁路交通运输的发展,带来了巨大的社会进步。正是这一系列技术革新,为工业文明时期经济发展、社会发展带来了稳定的预期。然而,通讯技术的革命逐步打破这一格局,信息时代来临了。

教育学者拉塞尔(Russell L. Ackoff)认为,19及20世纪出现的电报、雷达和声呐、计算机三大技术,使得工业革命开始向后工业革命转化。[13] 通信技术的革命,意味着人类交往方式实现了从符号到信号的转变,人类第一次可以快捷、方便而且高效地远距离传递信息,大力推动了全球化的实现。世界变小了,人类的生产方式、交往方式都发生了巨大的变化。学者们都意识到,这种文明的转型将会给教育体系带来巨大的冲击,产生极其不同的关于教育和学习的观念。

第一,任何个体都可以与世界各地的他者互动,并彼此影响。原材料、语言、文化习惯、法律体系、工作模式乃至信仰体系等所呈现的多样化格局表明，人们必须摆脱单一知识与技能、唯一正确答案的束缚。第二，人们必须在彼此尊重和相互讨论中生成新的规则和交往方式。凸显人们互动情境的价值，摆脱流水线式的规定性，才有利于人类的情感表达以及想象力和创造力的培养。第三，学校建筑应该为学习而设计。

阿尔文·托夫勒（Alvin Toffler）在《未来的冲击》中讨论了社会和技术变革的剧烈影响，也强烈批判了现代教育体系。他认为学校体系是为更早些的时代设计的，是用来培养产业工人的，教师们是在一个完全过时的体系中行动的。

自第八次课程改革，我国就明确提出了推动信息技术应用于学科教学。在宏观层面，信息技术为不同地区和学校共享优质教育资源、推动教育均衡和实现教育公平提供了技术基础。在中观层面，信息技术帮助区域和学校实现了教育管理方式的革新。在微观层面，信息技术在课程、教学和评价上已经广泛应用，大大推动了教学方式变革和评价方式变革，有助于教师落实因材施教、个性化学习的理念，提高了学校变革的速度。

信息技术要服务于人的发展，这是一个最为核心的价值观念。中小学大多经历了从重点关注技术本身到重点关注人的观念变革。教师应当深刻认识到，信息技术的使用是为了帮助学生实现信息的自主选择并利用信息进行自主建构，服务于培育学生核心素养的要求。信息技术推动教育变革是一个不断深化的过程，也是教育体系自我革新的过程。学者肯·罗宾逊认为，"21世纪的就业与竞争力完全取决于那些被学校系统打压的品质"。[14] 变革型校长应该认识到，技术与时代的变迁，正在推动学校运转体系发生着持续的、深刻的变革。学校实现变革的关键一点，就是如何用正确的价值观念指导技术的应用，进而实现学生的发展。

席卷全球的学校改进运动

20世纪80年代以来,我国众多学者就学校改进运动发表了很多文献,推动了我国学校改进研究与实践的发展。王志勇在他的硕士学位论文中对此有详细的研究回顾。[15]

第一个时期是1950年代至1980年代初期。20世纪50年代,美国的黑人平权运动提出了学校在打破贫穷和愚昧中的作用问题。其中一个假设是:教育机会均等,就会导致结果均等。1966年,科尔曼(James Samuel Coleman)发表了《科尔曼报告:教育机会公平》,这个报告依据1170所中学、3200所小学共64.5万名一、三、六、九、十二年级的学生样本,所得出的结论是:学生的家庭社会经济背景对他们的成绩有直接的影响,学校对于那些家庭经济社会地位低下儿童的学习成绩提高影响甚微。这一结论几乎动摇了人们对学校与教育的信仰,影响了投入资金改善学校办学条件的政策。正是因为这份报告的诞生,推动了"学校效能研究"的发展,即"以寻找或者发现对学校的产出有积极影响的学校特征或其他因素为目的的研究"。学校效能研究出现了两个分支。

第一个分支是"学校影响研究"。这一研究主要是把对学校的资源投入(人均支出、工资、图书等)和学校学生背景地位(社会经济地位等)两种因素相比较,得出后者与学生标准化测验表现之间有更强的关联性,即儿童在学习结果上的差异,主要取决于他们带到学校来的差异,而不取决于学校造成的差异。

第二个分支是"有效学校研究"。这一研究更加关注教育过程中的变量,如学校教育的基本要素及其关系,包括学生态度、行为以及学校文化氛围等。研究者认为,教育并非无所作为,在现行教育制度和办学条件下,通过改变学校内部的因素,可以提高办学质量,达到有效的标准。一个关键结论是,某些学校之所以成功,是因为他们愿意为学生负责，并具有积极的学校氛围、特色课程和优质的教学过程，而这与学生的家庭背景没有多少关联。

然而，"学校影响研究"和"有效学校研究"都过于强调校长的作用，强调统一的课程标准、学生对基础技能的掌握程度，以及对学生测量标准的一致性等。

进入20世纪90年代中期以后，学校效能研究开始与学校改进研究结合起来。[16] 后者强调各个因素的相互作用，如信念、期望、规范、教师效能、教学计划与教学安排、学校活动、学生信心、校长领导作用等，而不是某一个因素的作用，以此系统地解释学校的运作过程和有效策略。这一研究突出了看待学校运行的"整体观"。

世纪之交，社会环境的不确定性在不断增强，各国政府和社会对教育的期望发生了巨大的变化：教育不能只满足于培养当前需要的人，不能只满足于为当前社会运转的有序高效服务，而不考虑未来的变化。如果不提高学校教育的适应能力，那么学校效能就一定会递减，因此学校必须充分考虑来自社会和个人发展的需求。随后，许多国家开始了学校改进运动，体系化的、多层面的力量开始对学校系统产生影响。这一时期的研究有几个特征：（1）"效能"内涵更加全面，不仅包括成绩，还包括学生的非认知因素等；（2）认为同伴影响和同伴环境是影响学生学习动机、自我定位、自我评价和自尊的重要因素；（3）父母参与、学校特色和学校资源支持体系的影响等，都被纳入进来。

与此前各阶段相比，"学校改进运动"认识到后工业文明时期的社会"不确定性"的特征，及其对学校体系的致命冲击。20世纪90年代以来，学生核心素养培育成为引导学校整体变革的主线，让学校的课程、教学、评价等环节彼此贯通。与此同时，"强有力的学校领导"的作用，也逐步让位于学校教师、家长和学生等各方的共同参与，这更加符合"学校现代治理"的理念，也对校长的变革领导力和学校变革的能力提出了挑战。

20世纪80年代，我国学者们积极回应国家对学校变革的要求，参与到了一线学校改进的实践中，大力推动了我国学校改进的进程。

我国政策对学校整体变革的要求

我国当代学校变革大致以20世纪80年代中期开始的学校特色建设为起点。1985年，《中共中央关于教育体制改革的决定》提出了培养各行各业、各级各类人才的需求，并将"坚决实行简政放权，扩大学校的办学自主权"作为重要的改革路径，解决学校缺乏活力的问题。地方及学校对这一政策总体以"办学要有特色"作为回应，并提出培育有特长、有主体性的学生的思路。在随后的几十年中，以历次全国教育工作会议所提出的改革战略为背景（见表2.2），学校特色建设逐步确立了以"面向全体学生""全校性"和"个性化办学"等为内涵的"整体性原则"，使得我国学校特色建设越来越具有学校整体改进的基本特征。

表2.2 历次全国教育工作会议文件的关键词

年份	人才需求	不满足需求的表现	问题归因	改革设计
1985	数以亿计、千万计各级各类合格人才	学生品质与知识难以满足发展需要	统得过死；教育结构失调；学校缺乏活力	简政放权；办学自主权；校长负责制及相关制度；改革教育思想、内容和方法
1993	适应社会主义市场经济需要；提高劳动者素质；培养大批人才	教育思想、教学内容和方法脱离实际	包得过多；统得过死	分级管理；校长负责制；各界参与管理；改革教育思想、内容、方法、评价标准与制度
1999	知识经济和国力竞争；跨世纪；提高劳动者素质、各类人才质量和数量；造就一代新人	青少年的全面发展和国民素养不够	教育观念；体制和结构；人才培养模式；教育内容、教学方法滞后	简政放权；分级管理；县级统筹；行业协会、社会中介机构的作用；实施素质教育

续表

年份	人才需求	不满足需求的表现	问题归因	改革设计
2007	提高国民素质；培养创新人才	学生适应社会和就业创业能力不强；创新型、实用型、复合型人才紧缺；办学活力不足；千校一面	教育体制机制不完善；教育观念、内容、方法陈旧	现代学校制度；简政放权；取消行政级别和行政化管理模式；校长负责制；完善学校目标和绩效管理机制；推进课程、评价等改革

2018年，第五次全国教育工作会议提出，要把立德树人融入思想道德教育、文化知识教育、社会实践教育各环节，教学体系、教材体系、管理体系等要围绕这个目标来设计。国家先后发布了《中共中央国务院关于深化教育教学改革全面提高义务教育质量的意见》和《国务院办公厅关于新时代推进普通高中育人方式改革的指导意见》两个文件，提出学校要围绕"五育全面培养体系"，对课程、教材、教学方式、作业、教学组织、考试招生和学生指导等进行全方位的变革。

从学校变革的视角，我们可以看到，国家教育战略的调整，以及对教育管理制度和学校教育教学提出的要求，通过自上而下的方式，向地方和学校延伸，构成了学校变革的主要动力来源。国家的教育改革政策为我国当代学校变革提供了基本框架。

第一，学校变革有了清晰的导向。正如《义务教育课程方案（2022年版）》所明确的："聚焦中国学生发展核心素养，培养学生适应未来发展的正确价值观、必备品格和关键能力，引导学生明确人生发展方向，成长为德智体美劳全面发展的社会主义建设者和接班人。"以学生发展为本的理念，强调培育学生的核心素养，颠覆了传统学校效能研究和效率优先的学校发展导向，也改变了学校的质量观，引导着学校变革的方向。

第二，课程改革成为学校变革的主要抓手。进入新世纪以来，从第八次课程改革，到2014年的深化课程改革，再到2022年版新课标的实施，都贯穿着一个核心理念，就是通过让学生在真实的生活情境中学习，解决真实生活中的问题，进而培养创新能力。课程改革政策文本中所提出的课程整合、跨学科学习、作业改革等都是对这一理念的具体落实。学校越来越认识到，这不是一个单兵突破的改革，而是系统的、牵一发而动全身的变革，只有把文化理念、课程体系、教学方式、教师观念、学校组织结构乃至学校空间建设等各个要素都统筹到改革设计中，才能真正落实国家的改革要求。

第三，学校变革更加考验校长的变革领导力。校长是国家政策的执行者，也是学校变革的领导者。在多年和校长们一起合作推动学校变革的过程中，我们认识到，校长对自身角色认知的改变，是实现学校变革的关键。他们更多采用共商而不是命令、领导而不是管理、愿景驱动而不是行政施压、情感连接而不是彼此孤立的策略，建立与学校所有成员在变革中的新关系。这对校长的领导力是一个极大的考验。

第三节
学校的变革文化

学校将人们整合在一个运转体系中,这个体系需要有相应的管理架构和制度条款,更要有共同发展目标、成员之间的情感联结等,才能实现有效运转。这意味着,学校变革的发生必须深深植根于组织文化之中。通过分析和理解学校的变革文化,我们就能够进入学校的具体环境,考察学校各主体间的关系状况。相比起来,儿童观的变迁以及学校的时代性既是学校变革文化的背景,又是学校变革文化的重要内涵。

赫拉克利特说,"唯一不变的就是变化"。不管是薄弱学校还是优质学校,每一所学校都处在不断的变革之中,只是变革的幅度不同而已。最关键的是,在变革伊始就对学校的重要因素进行分析和判断,才能确定学校产生变革文化的基础和可能性。

是否具有正确的儿童观

如何认识儿童始终是学校运转体系的核心问题。校长和教师们以何种眼光看待儿童,如何与儿童相处,是影响学校变革文化的关键因素。在调研中,我们发现缺乏变革文化的学校里,成人们往往这样表示:

"学生需要严格管理。"

"农村学生有什么学习能力?没法跟城里的学生相比。"

"我们的学生没有主动性。这主要是因为学校很少安排社会实践课程。"

"学生没有灵活性、开阔性,玩的方面倒和城里学生靠拢了。"

当这种认识成为主流,教师们对待学生的方式就普遍表现出严厉多于尊重、稍微犯错就进行惩罚的倾向。对此,学生们很反感:

"对学习不好的学生可以换一种方式帮他们,而不是说'滚出去'。"

"我们的老师很凶的,动不动就发脾气。"

"我最讨厌老师给我们起外号了。"

"学校里到处都是规矩,老师不让我们随便找他们,还不让我们去找校长。"

这种状况表明,教师的儿童观还停留在成人中心主义时期,希望以权威来支配学生,否定学生的主动性、可塑性和参与互动的能力,这种观点使得师生之间的关系长期处于互不信任和紧张的状态。实际上,在学校诊断过程中,我们发现学生的表现与老师们的看法经常不一致。认为学生需要严格管理的学校,孩子们跟我们交往中却非常阳光、开朗和自觉。他们会说喜欢哪一位老师,并指出这位老师具有温柔、像大姐姐、幽默的特质。有的孩子还希望通过我们向校长提建议,比如"物理实验课能不能让我们自己先做实验,而不是老师先讲""希望让我们组织一个舞蹈队,在学校运动会上表演""我们的教室布置应该由全班一起讨论,而不是由班主任和几个成绩好的同学决定",等等。

此时,校长要承担起改变教师儿童观的示范者角色。有老师说起他们校长做的一件事情:"在少先队入队仪式上,家长会给孩子送上各种礼物,唯独有一个孩子低下了头。张校长注意到了孩子的举动,经过询问,发现他的父母没有到场。张校长灵机一动,嘱咐一位教师代替父母将会场鲜花作为礼物及时送到孩子手中。我们注意到孩子后来变积极了。"校长用行动影响教师,一起抛弃对学生的先入之见,换一种认识学生的方法,用心去感受学生的不同,才可能触发文化的变革。

能否理性认识教师的状态

在变革的学校里，教师们总是表现出积极参与的、向上的状态。在缺乏变革文化的学校里，教师们的表现有几个主要的特点。第一是没有动力。有一所学校由于长期处于薄弱状态，70%以上的教师认为自己没有机会获得职称晋升、评为骨干教师。年龄越大，动力越小。教师缺乏生气，总体处于一种灰色的生活状态。第二是自卑。从农村校变成城市校之后，教师的自卑情绪越发明显，因为被比较的机会更多了。第三是不愿意参与学校的管理。这不是有没有参与经验的问题，而是他们过去就没有参与的机会，甚至提意见的机会都很少，逐步形成了对自己作为"被管理者"的身份认同，习惯按领导的要求行事。结果是他们对学校的发展期望不明，不认为学校的文化建设跟他们有什么关系。第四是高估自己的能力。这是一种很有趣的现象。教师们在关心学生、教学方法、作业管理、学生评价等方面都很自信，但对学生们的调查却反映出教师们的课堂教学管理、对学生的学习支持和关心爱护都不尽如人意。教师对自己能力的自信度，远高于学生对他们能力的信任度。

可见，缺乏变革文化的学校里，教师们总体处于一种强烈的缺乏安全感、懈怠的状态。让他们重新理性地看待自己，提升他们对变革的安全感，建立对教育生活和职业生命的自信，进而激发教师群体的活力就显得非常重要。

中层干部能否成为带动者

中层干部是学校运转体系的枢纽。他们的观念与行为无论对内还是对外都能够体现学校文化的样貌。学校变革文化充分时，他们会理解学校战略、激发教师的积极性，带领自己的团队参与变革，成为变革的驱动者。

但是，在缺乏变革文化的学校里，中层干部往往表现出"我不得不做"的态度。他们把自己当作"执行指示者"，是听话的、让领导满意就行的人。此时，他们是"头脑驱动"而不是"心灵驱动"，刻板地按照管理流程来办事，至于这个流程是否合理，是否需要改进，他们并不进行深入的思考，即便知道有些流程不利于提高管理效率，也不愿意提出问题和建议。

可想而知，教师不会信任这样的中层干部团队。我们在不同学校看到，在绩效工资分配、课时计算，甚至食堂饭菜的价格等方面，教师都可能对中层干部产生怀疑。中层干部没有威信，自然难以动员教师参与学校变革。同时，部分校长的经验也表明，在推动变革的前期，很多中层干部处于观望状态，不愿意去理解变革，更谈不上行动。让愿意变革的中层干部率先行动起来，走到学校变革的前端，是学校建立变革文化的关键行动之一，有利于逐步激发其他中层干部，并对教师产生示范作用。

能否理性分析学校所处的发展阶段

分析学校所处的发展阶段，有助于认清当下的形势与资源状况，分析影响学校变革的因素，并理解学校在未来朝何处去。这是变革型校长必须要解决的一个重要问题。新校长上任以后，以"外部人"的眼光和"内部人"的身份，能够更好地观察学校的发展状况，比如，"学校还处在课程改革的前期，老师死教，学生死学""区里其他学校的课程改革好像跟这里没什么关系，有一种与世隔绝的感觉"，等等。

新校长进一步调研后，就会深入理解处在"前课改阶段"的学校里中层干部和教师的状况：学校的课程开设是传统的，课堂教学方式依旧是以讲授为主，并以考试为最后一个环节。所有人各自为战，呈现出一种"无意义的忙"。总体上，教师们被困在一种情绪里，走不出来。尤其是办学时间长、曾经有过辉煌历程学校的教师更是觉得自己是学校走下坡路的受害者。"区里不断换校长，让我们学校变得越来越糟糕。校长走了，我们又走不了，让我们在这里被人瞧不起。""我们从农村校变成城里的学校了，但周边都是城里名校来办的分校，我们哪里竞争得过，就这样吧。"

基于以上对学校变革文化因素的分析，我们可以理解学校的变革文化是这样一种文化：具有正确的儿童观，能够理性分析学校的教师和干部队伍现状，分析学校所处发展阶段，了解学校从何处来，确定向何处去。变革型校长会基于清晰的学校发展预期，致力于推动每一个人形成对变革的共同理解和认同，建立对大家有承诺、让所有人都有安全感的制度体系和情感关系，激发变革意愿，营造积极的、彼此信赖的氛围，引领全体成员的自觉行动。

第四节
学校变革与变革领导力

"学校变革"的概念与内涵

在引进和借鉴国外"有效学校"研究成果的基础上,21世纪初期,我国学者开始了"学校改进"的研究,并积极参与到"学校改进"的一线实践中,不仅产生了"大学—中小学(U—S)合作伙伴关系"的学校改进路径,还有众多的相关著作出版。有些著作将"学校改进"这一概念的含义定义到"变革"上,如钟启泉2019年出版的《学校的变革》一书采用了"学校变革"一词,并以"innovation of schools"的英文名称对应,但大多数文献采用的是"学校改进(school improving)"概念。

英文文献所使用的词汇比较多,这与各国的学校改进实践密切相关。富兰(Michael Fullan)使用了"school reform",或者"whole school reform"等,就是因为他认识到,学校改进要想真正成功,就必须激发学校内部尤其是教师参与变革的自主性和创造力。[17]此外,还有"school renewal""school change""school transformation"等相关词汇。古德莱德(John I. Goodlad)对"school reform"(学校改革)和"school renewal"(学校更新)的区分进行过讨论[18],而沈剑平(Jianping Shen)等人作了更加细致的区分(见下页表2.3)。[19]

表 2.3 学校改革和学校改进的基本特征对比

学校改革的基本特征	学校改进的基本特征
自上而下	内外部因素带来的创造性张力
线性	非线性
严格的目标导向	改进目标的隐约性
执行者即为上级决策的接收者	执行者同时也是积极的开发者
采用研究、发现、评价与推广的路径	采用对话、决策、行动与评价的路径
执行的保真度	执行的完整性
倾向于奖惩的问责制	倾向于自我反思与批判性质疑的责任制

目前关于企业变革的图书更多采用"change"一词。与企业不同，我国学校系统有两种类型的学校变革：一是政策自上而下推动的学校改革（school reform），二是学校将政策动力转化到内部进行的学校革新（school renewal）。学校变革（school change）是一个内涵更加丰富的概念，能够概括"学校改革"和"学校革新"两类不同力量所驱使的学校变革行动。

本书采用"学校变革"一词，其内涵是：我国中小学校按照国家政策的要求，校长带领团队成员积极主动求变，通过文化引领、使命认同、组织再造、情感信赖和创造性的专业行动等，转换学校内的运行机制，实现学校的发展目标。

学校变革领导力的内涵

关于"领导力"的研究极大地发展了领导科学的理论与实践。在过去几十年中，"教育领导力"的研究重心在于校长的个人领导力，其主要结论是：校长领导力的实现要通过影响学校的文化、组织结构和教师等学校运行要素，进而促进学生学业表现的提升。严格说来，这与20世纪八九十年代的"有效学校"研究的内涵比较一致。"有效学校"研究指出，强有力的学校领导能够成功带来学校的发展，使得学校效能迅速、大幅度地提升。而这样的学校领导所具有的共同特征是：有独到的见解和高水平的管理技能，能够有效协调各种因素，会建立严格的教师监督机制等。

然而，随着后工业文明社会的来临，学校系统所生存的那种确定性环境逐步消失。每一个人的生活环境和关系处在不断的变化之中。学校培养的学生需要学会应对未知世界，能够开放式地解决问题、在团队中合作，并能够参与到积极的创造活动中。这已经不是工业文明时期的学校系统所能做到的了。

于是，"变革领导力"研究主题产生了。尽管不同的研究在使用这一概念的时候，内涵不尽一致，但是主体都指向校长。也就是说，当说到变革领导力的时候，就是指校长的变革领导力。很显然，这依旧是高度强调学校发展主要依靠校长个人。尽管这一观点有非常大的合理性，但可能会给学校的实际运行带来几个严重问题。一方面，过于强调校长的个人作用和自上而下的管理方式，反而会拉大管理者与被管理者的鸿沟，并导致学校变革失败；另一方面，当校长的职务出现变动时，学校所取得的成功难以持续。

这里有两个例子。第一个例子是，校长把一所学校办好了，政府鼓励以该学校为牵头校，成立教育集团，将周边的其他几所学校也交给这位校长领办。不管是分设法人代表，还是由这位校长当所有学校的法人代表，都意味着这位校长需要"分身"，如果不能，那么这位校长能否从牵头校中找出几位"替身"去分管那几所学校？如果校长依旧是一个人，那么这个集团内所有学校能否都获得成功？

第二个例子是，一位校长通过几年努力办好了一所学校，然后被调走了。继任校长不知道因为什么原因，对学校各方面都"看不惯"，业已建立的变革机制衰退了，于是学校表现迅速下滑。那么需要讨论的是，如果原来的校长把变革文化扎根下去，原来的干部和教师已经深度理解了变革行动，会对新任校长的行为形成制约吗？

类似的例子太多了。因此，本书的基本观点是，"学校变革领导力"不仅是校长个体表现出的领导力，还应该包括校长致力于培养学校所有成员、让大家都具有变革领导力。也就是说，"学校变革领导力"是校长变革领导力与全体成员变革领导力的融合。只有这样，才能实现复杂情境的、可持续的学校变革。

有关领导力研究论著的结论是，领导力发展的领域，正在经历一种转变。传统的以领导者为核心的观点将领导力看作正职个体独有的财富，那就意味着，这种机构在面对复杂挑战时，只能依靠该机构的领导者或者领导成员。但是，如果把领导力看作整个机构的财富，那就意味着，机构所有部门和成员都能够协同起来，共同应对复杂的挑战。

实现学校变革的校长都表示，现在的社会环境不一样，学校要处理的外部事务也更加复杂，而学校本身要面对的学生和家长比以前要多样，要教的课程和相关的改革内容也更多，指望校长一个人是不行的，他们早就不认为自己全能了。有一位校长明确地说，指望我一个人，怎么可能啊？我必须发动大家一起来，我做好牵头人的工作。正是缘于这样的对自我角色的认知，这些校长在学校内发起更多的教师专业化组织，激励教师共同为学校的课程教学改革出主意，自觉开展行动，最后实现学校的"大翻身"。

这对校长是一个极大的考验。他们能否培养学校所有成员的变革领导力呢？这首先取决于校长对"领导力"定位的理解。有关研究显示[20]，不同机构的领导人对"领导力"有不同的定位：第一种是把领导定位为个人的支配，定位为人际关系的影响。第二种是把领导力看作与各种影响势力之间进行谈判和妥协的过程，这是一种技术性的观点。第三种是把领导力定位为共同意义的形成，进而领导力具有团体的特征，而不是一种个人品质，这种领导力定位显示出更加明显的对关系建构的依赖性。第四种也强调领导力是共同意义的形成，是系统共同拥有的东西，但这个共同意义必须植入团体的工作任务以及该任务所处的情境中，团队成员能够应任务和情境的变化作出选择和决策，形成了领导力"可分享"的特征。

很显然，在纷繁复杂、高度不确定性的年代，第四种对领导力的理解更有意义。在形成共同意义的基础上，学校变革领导力就是让教师团队及其成员具有变革的意愿、能力并采取真正的行动，从而实现领导力的共享和分享。在这个过程中，校长个人的领导力，增加了一个新的含义，即帮助和培养学校其他成员的领导力。

在即将开始的学校变革八个步骤的旅程中，变革型校长们自觉地选择了第四种对于"领导力"的定位：在了解团队每个教师不同个性和能力的基础上开展合作，根据任务的特点，努力将每个教师卷入到任务中，提升他们自身的价值感，产生带领其他成员的意愿，提升他们的变革能力。同时，发展学校的各个部门及其成员之间的关系，通过发展专业化的组织，创建成员和部门间的连接，彼此共同商讨、相互支持和有效协作，完成变革性的任务。这样，每一个干部教师和他所在的团队，都能够站在更高层面思考和工作。经过一段时间的发展，全体学校成员的领导力就会得到增强，完成由校长个人领导力向全体成员领导力的转型，并与校长自身的领导力实现整合，这正是"学校变革领导力"的内涵。

第三章

学校变革的八个步骤

第一节
重塑学校理念

每一所学校在设立之初,都会提前阐明其建校的使命和目标等要素,形成对学校文化理念的"预设"。学校文化理念体系属于学校的顶层设计。在办学过程中,学校遵照文化理念体系的指引,逐步发展出相应的课程教学安排、激励系统和评估方式等,引领学校各利益相关方在日常生活中按照共同的价值观来行动。

这就是学校形成共同文化的过程。原来预设的这些文化理念将逐步沉淀为沙因(Edgar H. Schein)所强调的"基本假设(underlying assumptions)",即"被视为理所当然的、未察觉的信念和价值观"。[21] 到这一阶段,学校教师、学生等的言行举止将自然而然地符合文化理念的要求,成为学校文化的外显部分,并表现出一所学校的共同气质。

以学生发展为本是学校文化建设的核心

教育政策的调整及其体现的政策观念和要求,强烈影响着学校文化建设。在过去近 20 年的时间里,我国中小学普遍开展文化建设,讨论和重塑学校的文化理念,并以此作为推动课程和教学等各方面改革的先导行动。

随着第八次课程改革的不断深入,部分地区的教育管理者意识到,课程改革成果能不能固定和持续,取决于学校文化有没有实现相应的更新。他们认为，课程改革的新成果不能附着在老的文化土壤中。这实际上提出了变革型学校文化的新方向。大概在"十二五"之后，部分省市以"文化建设示范校评选"或其他类型项目为引导，要求学校开展文化建设。在实践层面，越来越多的校长开始重新认识学校文化的价值，并采取重建学校文化的行动。

稍微回顾一下，我们可以看出这场学校文化重建运动至少在三个方面有明显的革新：一是跳出了以往的"校园文化建设"概念的局限。二是置学校文化理念于制度和行动之先，以文化引领制度和行动。三是强调学生主体地位，以学生发展为本成为学校文化建设的基点。

这些革新中，最为核心的是以学生为本。它表明了我国教育哲学的重大转向，也回应了我国经济社会发展所提出的人才培养需求。1992年10月，党的十四大报告提出，"我国经济体制改革的目标是建立社会主义市场经济体系"。这是我国经济体制改革的重大战略转型，它不仅涉及资源配置方式的转变，还提出要培养与市场经济活力相适应的有"主体性"的人的要求。1995年，国家教委关于高中建设的三个文件提出了"学生成为学校主体"的理念，强调教学过程应当"发挥学生的主体作用"，并且特别强调学生"主动地"发展。[22] 随后"主体性教育"运动从政策、理论研究和实践层面长时间展开，影响极大。这些为我国教育哲学的转变提供了基础。不管是"以人为本""以学生发展为本"等政策术语，"学生为本""儿童中心"和"儿童立场"等理论阐释，还是学校逐步以此为基点推动开展文化重塑的实践经验，都表明以学生发展为本的理念是学校文化重建的核心，是落实我国教育政策的重要组成部分，对我国学校的未来变革具有极其重要的意义。

教育哲学的转向让学校站在同一个起跑线上

在各种校长培训活动中，我们常常可以看到，来自农村学校的校长们在介绍自己学校发展的资源情况时，普遍强调"生源差""资金少""缺发展资源"等。这可以被称之为学校发展的"外部归因"，这种归因容易让农村学校以及城市薄弱学校的校长们妄自菲薄，从一开始就缺乏变革学校的动力和勇气，让学校失去发展的机会。

在这场学校文化建设运动中，以学生发展为本的理念得以确立，引领着最深刻的变革。它意味着所有学校的课程教学、组织结构、教师理念与能力，乃至学校的空间都要进行全方位的变革，从而实现学校整体升级换代。从这个角度来看，农村校、薄弱校的校长们要意识到，所有学校都处在同一个起跑线上，所有的学校都要有勇气踏上变革的征途。

学校文化建设的"标配"和内涵

早先在访问学校的时候，我们会观察学生、教师是否能够说出学校的校训或者培养目标，结果发现说不出的人很多。给校长和中层提同样的问题，他们也是含糊难言。可见学校文化理念及其符号与学校的真实生活之间并没有产生互动。

造成这种情况的原因之一，是长期以来表征中小学文化的符号要素比较混乱。理念就有很多种，如教育理念、办学理念、管理理念、课程理念、教学理念等，而关于教师的，就有师训、教师文化等。如果每一个都要表达出来，用的词还不通，彼此之间的逻辑关系也不明确，就显得庞杂无序，不容易被记住，更谈不上对学校教育教学改革的指导功能了。

学校文化建设运动让其中很多问题逐步得到澄清。我们在继承传统的基础上也阅读了多种著作，逐步形成了一个"标配"（见下页表 3.1）。

表 3.1　学校文化理念体系的基本要素

教育理念
培养目标
愿景
办学目标
校训（核心价值观）
校风
教风
学风

关于教育理念的学术讨论很多，还需要继续确定其概念的内涵和边界。在学校文化建设的实践中，这个概念的使用也非常频繁。在学校整体改进的实践中，我更倾向于将其作为超越具体行为的信念，它对一所学校所追求的生命状态、行动路径、行动方式和达成的目标等进行指导和牵引，渗透了全体成员对本校教育的价值取向，是关于"我们学校的教育应该是这样的"的判断，如"幸福教育""人格教育"等。

这里需要讨论的是，很多学校用同一个教育理念，如"幸福教育"，怎么能体现"本校"与他校的不同呢？答案就是基于"校本"。校长要认识到，每一所学校的学生情况有差异，教师和其他办学要素都不一样，实现"幸福教育"的课程和活动设计、教学方式也就有差异，同一个"幸福教育"就会有不同的创造和表达，形成不同的学校个性。

成都熊猫路小学在品牌学校项目启动之初，根据学校名称及临近成都熊猫基地的优势，提出以"熊猫文化"作为教育理念。学校组织老师们观看《功夫熊猫》影片，以此为基础建设学校文化理念体系。后来，我们认为"熊猫文化"并不具有"教育理念"的高位指引性，熊猫是一个被保护的物种，作为"育人"的理念有所欠缺。我们提出，根据这所学校的学生特别有"灵性"和富有"同理心"的特点，结合学校周边有湿地、山林等多样性生态圈的特色，用"自然教育"作为教育理念。这个理念出自卢梭遵从自然法则和人的天性的主张。同时"熊猫"标识不能丢，熊猫是自然进化、人与自然关系中的一个重要物种。就这样，他们将"自然教育"放在上位,以开发"熊猫文化课程体系"为载体来落实"自然教育"的理念。随后几年中,学校着重开发统整课程,激活教师队伍,全面且深入地进行变革,迅速崛起,成为一所优质校。

实现学校文化表达的个性化

学校需要在教育理念的指引下融通学校文化理念的其他要素,共同实现个性化办学追求。

关于校训。在实践中,我们将校训等同于核心价值观,因为二者的内涵具有一致性。核心价值观的提法,是近些年介入到学校文化理念体系中的。"价值观是组织具有的态度和行为。它们提出了我们的义务,即如何在日常基础上采取行动以建设我所希望的学校。"[23]核心价值观的意义在于从根本上引导学校中每个人、每个工作领域的行为,表明"我们将"采取什么样的行动才是正确的。核心价值观是对"我们"所有人的"行为"的总规约。换句话说,就是当我们进入学校,做了什么事一定会得到赞同或鼓励,做了什么事则会被批评。

"校训"所发挥的正是这个功能。举一个例子,苏州东中实验学校的校训"宁朴勿华",延续了上百年而未曾改变。该校孙霞芳校长认为,"朴"要求与这所学校相关的人都要遵守这样的价值要求:做人做事与做学问,都必须实事求是,宁愿简单纯朴,摈弃浮华,也不要盲随世俗,注重功名利禄和虚华外表。以这四个字来指导形成下位层面的价值观,成为引导具体办学行为的精神力量,至今依然富有冲击力。

关于培养目标。有校长提出,直接用国家的培养目标或者国家发布的核心素养体系作为学校的培养目标,是不是也可以?我们应该认识到,国家培养目标集中反映社会和时代对育人的共同要求,是各级各类教育培养人的总的质量标准和总的规格要求,是各级各类学校教育都必须遵循的总目的。而学校培养目标则不同,是各级各类学校依据国家教育总目的,依据具体学段教育任务,针对培养对象的身心发展特点和学校实际等制定的具体的、个性化的目标。这是一个非常清晰的区分，有助于校长们更好地理解自己的学校和办学追求。作为教育哲学的核心问题，学校培养目标的提炼应该遵循几个基本原则（见表3.2）：

表3.2 确立学校培养目标的基本原则

> **基准原则**：服务于培养合格毕业生；服务于学生的个性发展（合格＋特质）。
> **内在吻合原则**：与学校的生源特征、资源禀赋、学校传统等相吻合。
> **整体原则**：服务于全体学生；服务于学校整体发展战略；是课程—教学—评价的核心；影响所有部门的行为。
> **一致性原则**：未来校友体现的品质与学校当初的主观需求一致。

基本原则表明，学校要培养既能够对自己个人发展负责又能够对国家需要负责的人。内在吻合原则表明，培养目标应当立足于学校生源、文化传统和学校资源等基本状况进行个性化设定。整体原则表明，培养目标指向全体学生，它具有整体性、长期性和渗透性的特征，要通过学校的课程教学等活动渗透落实，学校所有成员都要明晰、理解，并在日常工作中去思考和维护它。学校开设新课程、教师日常备课和教学中，都要将培养目标是否贯彻进去作为重要依据，并将之进行明确阐述，维系学校课程教学活动的"根"。只有这样日复一日、年复一年地推进，学校对学生们的期待才能最终成为学生的自觉，最终实现"一致性原则"的要求。

关于学校发展目标。很多学校对发展目标的表述非常笼统，有的甚至用形容词来描述，比较感性。这些类型的目标描述既不具体，也难以检验和衡量。

学校发展目标可以用三个维度——时间、方向和程度来建构，即：沿着一个既定的办学方向，在一个预定的时间周期内（比如说五年），完成到什么程度（如：学生学业水平达到区域的哪个水平，或者学校哪种特色建设形成影响力等）。这样，学校发展目标就很清晰，当这个时间周期结束，目标完成情况就能够得到有效评估。在此基础上，可以很好地判断学校所处的发展阶段，进而提出新阶段的发展目标。

关于校风、教风和学风。校风与校训之间关系密切，某种程度上，校训是校风的"行动化"表达。学校制定校训和校风时，一定要注意维护二者之间的逻辑关联。师风和学风在很多学校也被表述为"教师文化""学生文化"。用哪个名称，完全看校长和学校老师们的选择。教风是对教师的价值观和行为的规约，学风是对学生的价值观和行为的规约，二者形成价值层面和行为层面的统一，让主体的行动表里如一，并与校风和校训达成内在统一。

考虑到学校文化理念建设需要一个长时间的沉淀过程，"找词"也很艰难，建议采用奥卡姆剃刀法则，"如无必要勿增实体"，简单有内涵，有确定的指引性即可。如果眼下不能对校风、教风和学风提出好的表达，也可以留待以后在办学过程中逐步提炼。

每个人都是学校文化建设的智慧贡献者

在以往的经验中，学校文化理念之所以不起作用，不被人记住，其中一个重要的原因是，校长把文化理念建设当作自己或领导班子的事。校长是文化理念建设的"第一人"没有错，但"第一人"并不能替代全体成员。

学校文化理念建设需要全体教职工的共同智慧。学校文化理念建设过程是自上而下和自下而上的结合，也是个体思路和团体思路的结合，还是不同学科、不同年级、不同岗位看法的结合。全体教职工共同反思学校的历史，理解学校的现状，并对文化理念体系提出自己的看法，不仅能够让每个人认识到自己对学校发展的价值，增强整个团队的凝聚力，还有助于激发所有人今后维护和实践文化理念。校长要认识到，文化理念建设是学校所有成员的事，这本身就是一种变革文化的表现。

参与学校文化建设的方式。学校可以通过专门的参与式讨论、安排各部门内的研讨、引导家长从外部进行观察等，让所有利益相关者围绕学校发展展开讨论。作为外部的咨询者，我们通常采用问卷调查、对不同群体进行访谈、参与式讨论的方式，使得所有教职工、家长、学生、社区人士和教育行政部门的官员等都成为学校文化建设的智慧贡献者。

参与式讨论的方式一般是，将教师、职工分组，分别按照"理想的学生""理想的教师""理想的课程与教学""理想的学校"等主题，请教职工回溯学校发展历史中的经验、变故和问题，对学生、教师队伍和管理团队的看法与期待等，一起描画学校发展应该作出什么样的改变，自己在这个改变中的参与意愿，以及改变所需要的资源等。最后，我们和学校一起汇总，从中初步提炼出学校文化理念的要素。文化理念建设小组的成员们进行更加细致的研磨之后，再向全体教职工征求意见，得到基本认同，这个文化理念体系才能进入应用环节。

学生访谈是最吸引人、最为形象生动的环节。我们通过请小学生和初中生进行角色扮演——比如扮演自己的某一位任课教师或者校长，从老师或校长的视角看待学校，他们总能提出成人们平时看不到的东西。在北京的一所小学里，学生们轮流扮演自己的某科教师，将该教师的课堂教学状况生动活泼地呈现出来，我们由此可以判断出学校课堂、教师等方面的长处和弱点，并观察影响学校变革的因素所在。

"老师们在一起讨论的过程中特别有存在感，一有机会就互相讨论。比方说，'任意起点无限高度'，这句成为学校核心价值观的话，就是老师们阅读自然教育的书、看《功夫熊猫》电影等，受到启发后找到的，他们越说越兴奋，觉得很有意思，很好玩。"成都熊猫路小学的张明蓉校长回想提炼学校文化理念的经历后认为，这句话让教师产生了高度的文化认同，表达了改变当前落后状况的意愿，还为今后的行动作了态度的准备：在每一项工作中，不管是在学校里上研究课，还是和其他学校交流，老师们总喜欢围绕这句话，表达在当前经验基础上往更高台阶迈步的追求。次数多了，学校精神实现了更广的传播。对于老师自己来说，这句话也产生了很好的心理暗示，他们确实在不断提高自己，实现职业进步。

家长、社区和区域教育行政领导的参与是赢得学校外部认同的机会，能够有效赢得外部力量对学校变革的支持。

学校文化理念凝聚改革共识

我们项目学校的一位校长曾回忆说，他当校长的时候，对文化理念很不以为然，觉得理念都是花里胡哨的，没有什么实质性的作用。随后，他遇到这样的困难：学校行政班子与老师们互相埋怨，都责怪对方只想着自己的利益，在请某位老师完成一项工作时，老师经常回复"校长，这不是我的工作，您还是安排别人吧"。此时他开始思考，这种状态不只是某一位老师有，而是很多人都有，说明这是一种文化现象，需要从学校文化的深处来寻找问题的根源。这位校长具有变革型校长的特质，愿意从现象思考背后的原因，从而能够采取正确的行动。

改造学校文化成为校长必须开展的事项。另一所项目学校的校长表示："我到学校面临的第一件事就是如何团结老师。我第一次发现学校的顶层设计、文化理念有多么重要。有了共同认可的理念，才能更好达成团结老师的目标。"这位校长所说的正是学校文化所发挥的最重要作用之一。

学校文化理念能够提供愿景、目标，愿景描绘变革的整体方向，目标让大家可以预期未来一段时期内达成的可见变化。"目标能建立人际关系，可以把个人与他人团结在一起，所谓的领导力其实就是人际关系，没有人际关系，哪来的追随者？"[24]愿景和目标鼓励大家要看长远，为所有人提供意义感，而意义感正是让大家不计较短期利益，不受困于眼前的发展状态，努力提升自我、克服障碍、发挥潜力，并团结起来追随变革型校长行动的重要因素。

学校文化是生长出来的,不是外部强加的

回溯学校特色建设这一行动走过的几十年历程,可以看出学校特色建设是为了更好地解决"千校一面"的问题,以培养出有个性和特长的人才。陶西平先生在一篇文章中就说道:"学校的特色发展,就是要努力创造某一个领域的卓越,这一领域集中反映学校的价值观体系,并能将价值观融入到学校的生活方式、教学方式以及其他行为方式之中,从而成为促进师生成长的良好的、具有个性特征的生态环境。"[25]

这句话表明,学校特色建设本身就是学校文化重建的过程,它有两个内涵。其一,选取任何一点(领域)作为特色,要深度揭示其背后的育人价值,并从中提炼出学校的培养目标等文化符号,进而融入到学校的日常生活中。特色是学校文化建设的抓手。某学校有种植葫芦的传统,我们与校长一起讨论,将葫芦作为特色抓手,开发种植、绘画、音乐、数学等课程,我们称之为"拿葫芦说事",不是"只说葫芦的事"。其二,选取的这一点(领域)是来自于学校自身具有的要素和资源,不能与学校以往和当下的生活毫无瓜葛。这样提炼的学校文化理念才是有根的。北京小学翡翠城分校在立校之初,张文凤校长就认为,不能照搬北京小学的文化,而是应该"站在巨人的肩膀上",结合学校自身的特有要素,建立"属于自己学校的文化",这也是我们项目合作成功的重要因素。

从学生和教师的日常行动中发现那个"葫芦"。义乌市溪华小学是一所山里的农村小学。当年楼曙光校长以当地孩子、老师和乡民都喜欢的一种"西瓜棋"为抓手,开展了"棋文化"的建设。他们提炼了"棋文俱佳、德慧双修"的校训,整理了全国108种棋并研发校本课程,开设不同棋类的特色班,定期与乡民举办西瓜棋大赛,建立了良好的社区关系,让农村老师有了归属感。学生们在"棋文化"中提升了思维品质、耐性、观察力和意志力,在市里的棋类比赛中屡次获奖。丁志平

校长接任后，继续推进"棋文化"，学校发展为特色学校，实现了长足发展。

在做学校整体改进项目的过程中，我们首先致力于寻找到学校的"文化基因"。它应该从学校文化传统中来，又与当下学生的"学情"和学校所处地理位置赋予的资源禀赋相吻合。

抓住学生表现出的与众不同的鲜明特点。我们项目小组对成都市双林小学的调研表明，教师、家长都公认学生们整体富有"想象力"，尤其是数学老师高度认同这一看法。家长们说起孩子在学校科技馆活动后回家"仰望星空"、自己尝试各种实验的例子更是津津乐道。于是，我们追寻到了学校赋予孩子们想象力的重要资源——科技馆。该校科技馆各种声、光、电、机械的科技设施非常丰富。对孩子们来说，在其中动手体验有着巨大的吸引力。学校一个班率先阅读《三体》，创作科幻小说，并与《三体》的作者刘慈欣建立了联系。刘慈欣在回信中说："最近有学者提出了一个很有意思的理论，在地球上的众多生物中，只有人类能够建立起灿烂的文明，是因为只有人能够在头脑中建立起现实中并不存在的东西，这就是想象力，这种能力可能远比我们以前认为的更重要，更伟大。以后，你们不论从事什么工作，都离不开想象力。"于是，孩子们的"想象力"便成为学校培养目标提炼和表达的重要因素，成为文化理念体系和课程体系的核心概念。

学校所处地理位置所赋予的资源与学校追求的融合。当年，尚文鹏校长接手北京青云店中学，采取的做法是细致阅读《青云镇志》，寻找这所学校与地理环境的关系：青云店镇离北京内城有一天的路程，是过去学子进京赶考的歇脚之地，他们期待"身登青云"，于是青云店镇以此得名。项目组调研发现学生缺乏灵动感，视野不够开阔。经过讨论，项目组引其涵义于今，"青云"期待孩子开阔视野，努力达到更高的目标。随后学校以"青云文化"为理念构建学校文化，搭建了"云梯课程"，建设了"青云路"文化长廊，学生们从立志开始，走向发展之路。

文化理念的表达应当与学生的认知阶段相吻合。文化理念符号的功能是用来指引学生，让学生去自觉践行，最终沉淀为学生的气质。不同年龄学生的认知水平不同，对这些文化理念符号的理解水平有差异，因此小学与中学的理念表达应该有所区分。小学的应该更加活泼，而不是板着面孔，也不要有生僻字，孩子不认识，难记住，也难理解。成都市熊猫路小学的"学风"就是"只要我努力，就能遇见更好的自己"，而"师风"则是"他可以的，我愿意相信他、引导他、滋养他"，其灵感来自于《功夫熊猫》电影中的经典台词，这种表达方式比较符合小学阶段的要求。

文化理念的形象化。有些学校提出的文化理念非常符合学校的发展要求，但是想让教师和学生理解并产生自觉行动，可能需要一个可视化的转化过程。这里有一个例子，北京首师大附中密云分校的李文平校长认识到，学校按照"自主教育"理念，提出了学生要自律、自强等，但这些概念的内涵到底是什么？如何解释才符合本校学生的特点，体现学校的追求？她构思了"萤火虫"的形象，向学生传递该理念。鲁迅先生说："有一分热，发一分光，就令萤火一般，也可以在黑暗里发一点光，不必等候炬火。此后如竟没有炬火：我便是唯一的光。"[26] 她引用这句话，希望学生成为"自带光芒"的青年。这个转化就非常有价值，而且有效，学生一下子就能明白"自主教育"理念对自己的行动要求。学校在建设文化理念体系的过程中，应该有意识地提升"形象化"表达的能力，有了专门的形象符号，就能在日常生活中去传导和强化其内涵，向学生、教师等传达文化的行为特征，表达学校对学生未来成长的期待。

总之，寻找文化基因并建立学校文化理念体系的过程，就是激发学校文化内在生长的过程。

第二节
文化引领行动

文化塑造一个组织的未来。对于一所变革型学校来说，确定了文化理念，就相当于科学研究迈出了第一步——提出研究假设，接下来还需要在反复实验的过程中进行检验、落实、修正。

学校文化理念体系确立后，将通过校长的文化示范、教职工和学生理念与行为的转变，逐步影响大家看待学校教育教学和管理行为的眼光和观念，进而激发对行政体系、业务体系、现有制度和学校非正式文化氛围的反思，激发出与原有制度和文化氛围的冲突、挑战，并产生新的融合，最后达成理解和认同，实现文化理念的落地（见图3.1）。

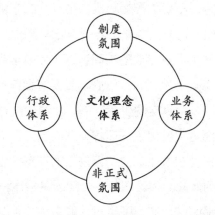

图 3.1 文化理念体系与学校运转体系的互动

实现培养目标向课程与教学的转化

培养目标是学校课程建设的出发点。学校的培养目标确立以后,课程开发、教学设计、课堂实施就有了行动依据。我们来看一个案例(见表3.3)。

表3.3 培养目标向课程与教学转化的案例

培养目标:自信
领域课程:经济学。 **具体课程**:如何成为一名企业家。 **学生活动**:写商业计划、拉投资、买原料进行生产;做市场宣传的海报;最后一天在学校体育馆摆摊卖产品,按大小收摊位费。 **学生分享**:(1)是否盈利;(2)对自信的理解。

这是一个将培养目标转化为课程设计、教学设计的典型过程。为了体现培养目标对"自信"的要求,这个课程活动让学生经历了写商业计划、做预算、写海报、租摊位、销售、收益计算等环节,其中学生要用到写作、数学计算、口语表达、绘画设计等知识和技能,在不强调"这是数学课"的情况下,学生们因为解决任务而学会了数学知识,体验到了应用知识解决问题、与他人交流和合作中所需要的"自信"。在最后的分享环节中,学生产生了对自信的不同认识,如有学生认为,自信就是要勇于承担风险,还有学生认为,自信就是要有相信别人的能力等。这节课程为学生提供了一个真实的生活情境,让学生通过活动、分析判断和自主建构,发展出对"自信"的理解,并给出自己的判断与解答,同时也是一种很好的德育。学生们对"自信"的理解肯定比书本教的"间接经验"有更深刻的体验。很难想象,老师的讲授能获得这样的效果。

构建学校的课程图谱。变革型学校一般采用三种路径来将培养目标落实到课程建设之中。一是根据培养目标中的关键词设计课程的名称,如"求真课程""自律课程"等,把国家课程、地方课程和校本课程分别安放在不同主题下。二是采用常见的分类方法，如"基础课程""拓展课程"和"个性课程"，按分科、跨学科和多学科统整的形态，将国家课程的不同科目、地方和校本的主题课程等安放于各类型中。三是首先确定"领域"，如"社会与人文""运动与健康"等，再把国家课程、地方和校本课程安放于其中。当然，学校在实践中还有很多不同的做法。不管哪种路径，都必须从学校的培养目标出发，以培养什么样的人为旨归，进而确立学校课程建设的经度和纬度，建立学校的课程图谱。

北京小学大兴翡翠城分校办学刚两年，项目组和校长讨论后，以"翡翠城"校名为要素资源，确定了"绿色成长教育"的理念。学校根据《绿野仙踪》中的四个主人公分别对应的有梦想和追求、有勇气、有智慧和有爱心的儿童形象，建构了四个系列的课程（见表3.4），如语文、英语等国家课程属于"铁皮人"系列，培养学生的爱心和人文情怀。学校还调整了评价策略，学生学习某系列课程有了进步，就会被加盖一枚对应卡通形象的图章，这种创新的做法受到了学生们的欢迎。课程与评价之间建立了关联，有助于教师更好地理解不同课程之间、课程与培养目标之间的关系。

表3.4　课程图谱建构案例

> **办学理念**：绿色成长教育。
> **培养目标**：培养有快乐生活、勇于探索的梦想少年。
> **课程载体**："翡翠城多维系列课程"，包括多罗西系列课程、稻草人系列课程、铁皮人系列课程、小狮子系列课程等。

基于生活情境变革教学方式。我国的课程改革期待以真实的生活情境解决真实的生活任务、经历真实的学习过程，让学生在课程及活动体验中积累经验、形成反思、促进理解，培育学生的核心素养。这是将学校培养目标实现有效转化的重要途径。

李德元校长在上海第三女子中学担任校长时，于2012年推动课程改革，首先做的事就是重新提炼培养目标。几经调整，最终确立的目标为"使每一个女生能够成为自然的顺天性的（natural）、独立的不依附于人的（independent）、友善的有爱心的（caring）、举止大方的优雅的（elegant）'NICEgirl'"。[27] 基于这一培养目标，学校以"学科关联度、学以致用、视野开放度、思维训练有效度"为价值维度，致力于建设"具有女校特质、适应女生教育"的课程体系，并开发了多门类的课程。比如，学校设置的"国际市场"就是国家课程校本化的一门主题课程，强调以学生活动为平台，构建体验情景，让学生了解世界各国如何通过贸易紧密联系起来，激励和帮助女生在全球经济中获得成功，成为中国经济走向全球所需的国际型商业人才。学生运用所学知识，买来空白的环保袋，在袋子上创作，再通过平台卖出去。卖出去的钱，一部分用于奖励最有创意的女生，另一部分用于捐助贫困学生。在知识学习与生活世界的关联中，学生经历了真实的经济活动与社会公益活动，学校也通过学生的表现性评价，实现了对培养目标的回应。

这种教学方式，打破了传统的学科、知识与生活的边界。学生在各种各样的学科实践活动和德育活动中可以获得更加丰富的体验。

根据"培养乐学善玩、智慧灵动的少年儿童"的培养目标，成都市熊猫路小学在"我是小学生"项目学习中，给一年级的新生设置了"认识新校园——萌娃闯关"的活动。200多个孩子要凭借老师讲解的"方法指导"，按图完成任务单布置的闯关任务——在一小时内，找到自己班的教室及学校的医务室、食堂、德育处等位置。每找到一处，教师会提问"你找到的是什么地方"并与学生签字确认。每签好一次字，就算完成一关。

张明蓉校长的观察记录活灵活现：我发现拿着任务单的孩子像没头的苍蝇乱窜。看见貌似任务单上的办公室，就驻足观望两眼。如果有小朋友进去了，就跟进去。如果没有小朋友进去，只有老师，他就看两眼转身离开。大部分孩子不认识"德育处"的"德"字，找不到对应的地方，也回答不出老师的问题，扭头就走了。还有一些孩子因为回答不出问题，低着头不说话，老师追问几句，干脆哭了。因为任务单没盖上印章，站在墙角哭的孩子有好几个。走到二楼，碰到好几拨胆子大的孩子瞎转悠，我走过去问："小朋友，你们这是要干什么呀？"无一例外，没有一个回答我，看我一眼就走开了。时间过得很快，负责楼道安全的老师看着孩子们盲目地走来走去，各找各的，都担心孩子们完成不了任务。但是，我们不能去提醒，只是默默地观察着，虽然着急，但偶尔也偷笑。孩子的变化就是这么莫名其妙。一个之前答不出问题、哭着离开的小女孩，这会儿正在任务单上找德育处的位置，找了几次，还是找不到，我以为她又要哭了，只见她咬了咬双唇，看了看四周，然后小声地对面前的老师说："老师，我知道这里是德育处，但是我不认识字，你能告诉我这几个字在哪里吗？"老师搂过小女孩，指着任务单上"德育处"三个字，教她读了两遍。小女孩顺利得到了印章，高兴地扬起手中的任务单，对老师说谢谢。排在后面的孩子看见了，赶紧拉住小女孩，要她也教教他们。有四个孩子手拉手，气喘吁吁地来到我的办公室门前，望了望我，其中一个男孩子开口问："老师，你这里是教导处吗？我们要找教导处。""哦，我这里不是，教导处在二楼，你们下楼左拐走到尽头，那里就是。"听我说完，四个孩子拉着手走了，刚走几步，他们又回来了，还是刚才的男孩子说："老师，你现在有事吗？""我没事呀。""那你能给我们带一下路吗？"没想到孩子能够这样解决问题，于是我同意了。四个孩子牵着我走向教导处。途中，我得知他们是不同班级的，因为完成任务遇到困难，就自发形成了团队。在教导处，四个孩子挨个儿完成了任务。孩子们异口同声地说："老师，你再带我们去找一下美术室吧。"我还能说什么呢。后来，我了解到，有些孩子学会了去找已经完成任务的学生带路。

这个活动体现了"乐学善玩"和"智慧灵动"的要求，学生在游戏中，不仅开始识字，与老师同学对话，还学会了帮助别人，勇于面对困难，通过彼此合作解决困难。其中孩子们主动寻求别人的帮助解决问题的过程，是一个特别重要的社会化过程。我们不能将之视为"抄作业""走捷径"，因为寻求别人帮助也是一个特别重要的素养。

一张表理解整个教学评环节

课程图谱不仅指明了培养目标是如何落实到课程中的,还能够表达两种关系。其一是不同课程主题与课程形态之间的关系,其二是教师之间的关系。通过课程图谱,教师能够理解自己所教课程与其他教师所教课程之间的关系,进而理解自己与其他教师的关系,为今后开展跨学科合作、主题课程设计等提供支持。同时,教师发现自己能够和其他老师共同采取专业行动,将会极大减少对变革行动的畏惧心理,在关系空间中开展更有创造性的课程合作。

与此同时,从课程、教学到评价,是教师开展工作的一个完整链条。关于教学评一致性已经有很多研究。在实践中,一些学校也有了校本化的做法。但能否给教师提供一个"脚手架",来促进教师开展课程变革活动呢?

台湾省屏东县的泰武小学在实现学校整体改进的过程中,对培养目标、课程、教学和评价作了一体化的建构。这是一所排湾族子女为主体的小学,学校以"把根扎深,把梦做大"为理念,希望培养兼具民族情怀与国际视野的学生。学校从愿景出发,重新设计学校建筑,将家庭与社区纳入学校的发展共同体中。学校所搭建的课程包括"社会""自然""生活"和"艺术"四个领域,这里举"社会"领域里"排湾族的社会制度"课程单元的例子,说明一张表(见表3.5)如何统筹表达课程及各实施要素之间的联系。[28]

表3.5 从目标到评价的一体化设计

面向	核心能力	领域	单元名称	教学概述	深化课程	创新课程	评价
经验过去 正视现在 放眼未来	品格力 学习力 健康力 文化力	社会	排湾族的社会制度	阅读部落志;调研走访,了解部落及其阶层制度。	模仿部落会议	棋艺对弈,便于学生了解部落社会阶层制度。	学生表现、走访中的体力、对传统智慧的理解与表达等。

这张表将该单元的素养指向、教学要求、教学方式创新及评价要求等进行了一体化呈现。"深化课程"与"创新课程",实际上指的是该课程的教学策略和活动方式。通过这张表,教师能够清晰地了解课程与培养目标、所处的学科领域及与其他课程的关系,并按照预设的路径依次展开,按评价要求观察学生在整个课程中的表现。对变革型学校来说,这张表的表达方式有利于校长和教师看清课程、教学和评价改革的全过程,让培养目标的落地过程可视化。

空间重构以落实学校文化理念

学校空间是学校教育的一部分,学校空间重构是教育重构的一部分。学校一般会将重新提炼的文化符号张挂于学校外墙、学校走廊、教室内墙等各个空间中,并依次对学校内的空间元素,如雕塑、亭台、石头等进行调整。这些都是利用空间传递学校文化的行动。需要考虑的是,空间的教育性如何与学校文化理念有机融合。

我们需要重新思考儿童与空间的关系。传统的观点认为,学校就是儿童接受教育的地方。但是,基于儿童观的变化,我们需要重新理解上学和生活的关系:上学就是儿童生活的一部分。儿童的生活经验是真实、连贯而完整的,在学校上学的经历就是他的生活经历的一部分。因此,学校空间需要满足儿童接受教育和学习的需求,也要满足儿童生活和交往的需求。基于这种认识,我们认为学校文化理念要往深层渗透,就必须深刻理解学校培养目标,建立儿童生活空间与课程、教学等相关活动的深度连接。

空间重构因应课程及实施方式的需要。有目的的课程活动能够将儿童与学校环境、设备和空间形态连接起来,赋予儿童探索和自主建构的可能。空间应该有利于儿童获得自主选择课程的机会。行政班级以及班级内的座位排列方式,也是空间的一部分。"走班制"和"围坐式"能够更好地重建师生、生生间的平等合作关系。同时,学生与空间的互动,是课程育人的路径之一。教学实施的儿童化、具象化、生活化、主体化,有助于实现满足儿童自主探索的需求,让儿童获得更高的自尊水平,实现课程的内在价值。

传统的学校教室一般都不大,但班额又较大。如果要开展小组合作学习,空间就成为制约因素。多年前,杭州地区就有一些新建学校将常规教室的面积扩大到90多平方米,教室内能够有效实现功能分区,包括学生听讲区、小组讨论区,还有电脑查阅资料区,当然还安放了洗手池等设施,以满足书法、绘画等课程的需要。

主题课程、项目式学习等,要求学生分成多个合作小组。有的学校将多个教室打通,学生按不同组别进入不同教室学习,教师可以走进任何一个教室,观察和指导不同组学生的学习。有的学校设计了宽阔的走廊,摆放了圆桌和椅子,能够随时为各个合作小组利用,又能够与教室内的小组和教师及时互动。

学校的非正式空间同样也是课程实施的地方。如图书馆、走廊或连廊、运动场、宿舍、食堂、咖啡馆、树林、草地、池塘边,等等,都是非正式的学习空间,它们比正式空间更加多样。非正式空间具有成员开放、时间灵活、内容自主、方式自由、过程非结构化等特点,比正式空间更有利于学生的自主学习、合作学习。杭州白马湖小学结合培养目标,开设了"玩转餐厅"课程活动,学生们通过"给餐厅取名字",在"童年味道"主题墙上涂鸦等方式,将食堂空间变成了一个就餐礼仪课程,更有参与感。

重构的空间就是课程本身并指向培养目标。空间通过与学生的互动,就构成了课程本身,成为落实培养目标的载体。在一次关于学校空间重建的学术会议上,清华大学教育研究院的曹盛盛用一张表(见下页表3.6)表明哲学的更新是学校建筑设计理念更新的基本依据,表达了学生成长与学校空间的关系。

表 3.6　培养目标与空间设计的关系

培养什么样的人	校园空间设计
平等、尊重、自立、自主、自制	适合学生人体尺寸、无障碍的物理环境、学生可独立使用的空间等。
好奇心与兴趣、激情与个性	富有活力的游戏空间、激发想象力和创造力的艺术环境。
沟通能力、合作与分享能力	舒适而有趣味的交流空间。
审美能力	回应文化特色和地理风貌的设计和多功能学习空间。
勤俭、环保、责任心	环保材料的使用，以及资源的循环利用设计。
专注力	便于学生阅读的空间。

有一所学校将可持续发展作为办学理念，培养学生自觉的节俭意识和环保意识。学校特意采用镂空的地砖铺地，以使雨水能渗进土地，学生们在这样的空间里，认识到这样才能让土地顺畅呼吸，很容易就能体验到环保与生命的关系。将培养目标与空间设计融合起来，能够有效落实学校空间的课程价值，促进学生与空间的和谐互动，实现学校的培养目标。

再举一个例子，张家港市江帆小学所在地是鉴真和尚最后东渡成功的地方。徐芳校长充分利用这一资源，在大门口的广场上专门建造了一艘扬帆远航的船，开发了以"一帆"为主题的微课程群，其中启航课程、伙伴课程和远航课程，分别对应新生入学、共同学习和毕业等经历，这艘船便成了学生的课程空间和体验成长的空间。

不改变物理空间而改进关系空间。学校一旦建成，空间改造就很难。那么，我们可以进行其他方式的探索。我主持的一所项目学校位于北京山区，学生都是留守儿童，在学校寄宿。他们的父母都在城里打工，周末家里只有爷爷或奶奶。据校长说，他们回家甚至连一顿像样的饭都吃不上。学生宿舍共有六层，每个年级一层，每间宿舍大概住 8 个学生。根据我的建议，学校打破原来的宿舍分配模式，如每一个女生宿舍由不同年级的女生组成，形成姐妹关系，让每一个宿舍变成一个"家庭"，利用宿舍空间来弥补留守儿童的家庭教育功能，把家庭教育的功能适度转移到学校里面来。

就这样，学校在没有改变空间的情况下，改变了学生的关系空间。后来汪红震校长拍了很多照片，能够看到姐姐给妹妹梳头、叫妹妹起床、帮妹妹铺被子，妹妹给姐姐挤牙膏等"家庭"生活场景，就像一个个友善的家庭在运转。后来学校进一步将每一个"家庭"的功能延伸到其他空间。在每周四晚上，利用学校食堂的小舞台，开展以"家庭"为单位的文艺活动，孩子们一起"秀"自己的才艺。这些措施极大地激发了孩子们对学校"家庭"的归属感，甚至周末都不愿意回家。

随着课程改革的不断推进，学校空间的变革问题越来越为各界关注，校长的空间领导力也成为显性的研究主题。"校长对学校的空间领导，是指校长通过规划和支配使用学校空间，运用空间的'点、线、面、体'，促进学生优质学习、教师有效教学、学校高效管理、教育品质提升及学校社区共融，其核心是对学校空间的规划和使用施加'教育学'的影响。"[29]空间领导力非常考验变革型校长的专业能力和培养学校成员理解学生成长与空间关系的能力。

理念落实是行动、制度和文化互动的结果

文化理念体系为全体教师参与变革明确了方向，推动了改革共识的形成，同时还对全体教师的行动提出了要求。这对于处在舒适区，以及还困在从前不良文化氛围中的教师来说具有很大的困难。

为此，学校要将目标进行分解，提出具体的行动策略，让教职工有基本的安全感之后再开始行动。例如，将"办学目标"分解为年度目标，转变成若干变革行动，分析资源状况和达成目标的各项条件等，以促进教师付诸行动。在这个过程中，不可能出现全体教师"齐步走"的现象，校长要学会推动一部分教师率先进入变革项目和活动中。

为了鼓励先行先试的教师，校长需要改变制度，让他们获得相应的激励和回报，并使得所有人都产生"只要我去做就会有收获"的明确感受。变革中学校的业务体系与原有制度之间的张力始终应是校长关注的重点部分，校长要抓住合适的时机，推动制度的改变。

层级制建构的行政体系显然带有强调管理的社会文化特征。当更加深度的学校变革来临，层级制行政体系需要深度理解学校的文化理念体系及其含义。学校文化大力提倡学生为中心，鼓励教师专业发展，培育创造性的教师组织，行政体系也要将自己的组织文化从"管控"向"协作""服务"转变，立足于学校变革的需要，制定新的制度，加强与教师专业团队的合作，参与到学校课程改革工作中。若干年来，学校在组织结构上大力推动扁平化，就是为了减少管理层级，以更好地服务于教学一线。

随着参与变革行动的人、项目和活动逐步增多，过去制约变革的文化就会松动，新的有利于变革的文化慢慢形成，原来的各种观念和认识向变革的主流文化靠拢。校长自己也在文化建设中实现提升，建构出对学校文化理念的更好理解。北京小学大兴翡翠城分校的张文凤校长回忆起我们一起研讨文化理念的场景时说："我从一开始就思考用什么理念来'打通'学校的工作。在慢慢梳理学校文化的过程中，我逐步知道，校长到底要干什么，我从过去干什么都特别感性的状态，变得理性了。理解文化理念与变革行动的关系是一个转折点。"

通过文化引领，教师和干部们处于一种被"唤醒"的状态，他们持续、主动和自觉地行动，最后表现出一种职业生命的光华。李文平校长回忆说，当年密云巨各庄中学以"自主教育"理念，在"唤醒心中的巨人，成就最好的自己"的氛围中，持续推动课程改革。短短三年后，教师们像是换了一个人，精神面貌完全不一样了。曾经那么缺乏自信的孩子们在学校搭的舞台上充分表现自己，其中一个随班就读的孩子学习成绩不太好，但在朗诵社团里被发现有一副好嗓音，从此他不断得到激励。在区里表演获奖之后，他就一直待在那里不愿离开，并激动地问校长当天他表现怎么样，校长表扬了他。后来，老师发现这孩子在自己的QQ空间里写了一句话，说"今天是我人生中最幸福的一天"。这种效果是只凭"技术性"行动难以达到的，一定是学校文化渗透的结果，是各主体的行动、制度改变、组织结构调整等互动和融合的结果，体现了文化变革的作用。

将培养目标落实情况纳入区域学校评价

有了培养目标以后，学校为什么开设此课程而不开设彼课程，就有了依据。如何将这个依据转化成学校的具体评价标准，还需要再研制。北京西城区教研院的姜丽莉老师曾开展了这样一项课题，研究本区域内各学校将培养目标贯彻在课程、教学与评价中的情况。她列出一套指标体系和具体参考点（见表3.7）。这里选择几个点来进行观察和理解。

表3.7 培养目标落实情况的评价指标

一级指标	二级指标	具体参考点
课程结构	支撑学生培养目标	能围绕学生培养目标设计课程结构，逻辑合理。
课程设置	体现学校特色	有符合学生培养目标的特色/综合课程设置。
课程开发	课程设置的价值	能够基于育人视角论证课程功能，课程理念先进。
课程实施	校本、地方课程的实施	课程实施方式清晰具体，指向课程目标或学生培养目标。
课程管理	管理评价的方向引领	是否达成了学生培养目标的预设。

一套有逻辑的指标体系，有助于将学校培养目标转变成具体的、可操作的行动，引导区域内不同学校的校长去更好地理解培养目标与课程教学、管理之间的关系，更好地帮助教师和学生成长。这一课题的成果如果能够应用于学校办学情况评价，学校的办学理性会大幅度提高，进

一步营造区域的教育变革文化氛围，促成多样化、特色丰富的区域办学格局。

　　这一研究及其实施还需要解决一个前置性的问题，就是学校的培养目标必须适切，符合国家教育目标和政策要求，符合学校的文化内涵与要求，符合学生的身心发展水平，科学、合理、可操作，并得到全体教师的价值认同。

第三节
建设团结团队

这里说的团队,不仅是指学校领导班子,还包括整个教师群体,是领导和教师等共同组成的团队。这包括了两个基本观念:变革型学校更加提倡一种面向全员的、相互信任、彼此依赖、平等协作的关系;学校教师能够建立自己与其他成员的信赖关系,互相带动,成为具有领导力的人。变革型学校需要建设这样的团结团队。

不要尝试当"英雄校长"

20世纪60年代的学校改进运动特别强调校长的作用。政府和社会大众都期待一位能使学校效能迅速大幅度提升、能成功实现学校发展的领袖。他是一个全能型校长:具有独到的见解、高水平的管理技能、懂教学并能给予教师有效指导,能够有效协调影响教学的各种因素,并对教育质量负责。这是一种典型的"英雄校长观"。

我们的中小学系统也曾经非常期待这种"英雄校长"。我的一所项目学校历史上曾经有这样一位校长:他是区域名校长,个性强,以传统家长的权威管理学校,要求所有的教师听话,并用所教学生成绩情况、参加教学比赛情况等来考核教师,没有达到预期的教师就会受到惩罚。然而,学校及其发展环境已经发生了巨大的变化。对学生成长的评价不再是单一的"学业成绩"标准,而是以人为本的多元标准;对学校贡献的评估，也已超越是否满足于当前社会和经济发展需要的标准，更多考虑学校能否培养适应未来社会变化的学生。凭借"英雄校长"的个人力量，不仅难以应付当下，更难以应付复杂和不确定性的未来。校长们越来越认识到，教师、学生和家长的观念与需求更加多元，学校教育内容更多、更庞杂，只靠校长的个人管理和自上而下的推动，他们就会产生"带不动"的无力感，与教职工之间的关系也会变得越发脆弱，很容易导致指挥失灵，甚至使变革走向失败。

变革型校长是摆脱了"管理者"角色局限的人，他们以"领导者"的立场和思维看待学校的运转，并且充分认识到，依靠团队才能实现学校的发展。有多位校长表示，"学校管理真不是靠权威。如果我经常拍着桌子说，我是校长，你就得听我的。当面人家会说好，但真的会听你的吗？听了能去按你说的做吗？不可能的。学校就不是靠权力运转的。""学校不是靠权力运转的"这句话具有重要的警示意义。变革型领导者不应将自己作为地球的最后"拯救者"，要明白个人力量的局限，让自己从一个权威的管理者，转变成为团队的领导者，理解短板不是靠自己个人而是靠所有人一起来弥补的道理，通过让教职工意识到所承担的责任、任务和意义，激发起他们的高层次需要，使他们愿意为团队、学校和更大的利益服务，并在这个过程中，培养每个人实施变革的能力。

用机制来增进班子间的信任

对于学校整个团队的良性运转来说，领导班子之间团结的重要性不言而喻。尤其是校长上任伊始，所有人都在观望他的时候，他也同时在观察和了解班子成员的状态与表现。经历谈话、会议甚至私下交流之后，校长将较快建立班子之间的平衡。但他一定会意识到，在刚性的管理制度和工作原则的基础上，建立实现领导力的更好机制，是非常紧迫的一件事。

理顺班子成员的沟通机制。班子成员会议往往会对学校各项事务进行决策。班子如果是散的，那教师一定会四分五裂。在这种情况下，校长们必须改良以前的班子成员会议，或者在一时不能改良的时候，采取新的议事方式和沟通机制。无论何种方式，变革型校长都应确保：班子内部的讨论知无不言；按照决策机制，一旦形成决策，就必须执行；维护班子成员的团结形象，对外保持一致。一位项目校校长对此深有感触，他说，在会上，各自说点什么甚至吵起来都没关系，他作为校长，说的话也只是供讨论，完全可以推翻，但是决不允许"当面不说，背后乱说"，一旦形成决策，就必须执行。"这些话必须说在头里，如果在外面乱说，甚至向老师们讲，谁跟谁不好之类，那就已经不是工作能力问题了，而是人品问题。"这位校长很注意以身作则："你说我民主到什么程度，我真想干的事，就经常真的干不成，因为大家会说出很多道理表明我提的这件事行不通。大家反对，我就绝对不会拧着。我拧着就是违背大家的意愿，一定会事倍功半。"

另一位项目学校校长表示："以前班子之间是相互不信任的。我来以后基本还是原班子成员，所以，我跟他们强调，一定要维护班子的团结形象。有问题想不通的，可以在行政会上说，我们把它说通，哪怕吵架都没关系，吵通了就好了。如果这个都做不到，其他的就更难。然后，我们就真的做到了。"北京房山官道中心小学的汪红震校长借力党建工作，引入"谈心谈话制度"："几乎所有的问题都先通过谈心的方法，将事情讨论出结果再上决策会。要是像过去那样，教师职称、绩效考核等事项，不经过事先酝酿，就到决策会上直接说，那就会吵不出一个方案和办法。我是不允许这样开会的，我要求会前要有充分的沟通和表达，会上就是安排布置，有问题自己去消化。按决策程序也应该是这样。"

把班子的工作摆到教师面前让教师评价。校长应该意识到，学校管理干部不被教师们信任，是因为他们虽在管理地位但所做的工作却并不总被教师"看见"，被"看见"的又常常是教师不认同的，这与他们的管理能力、工作态度与方式等因素有关。当管理者抱怨说"我干了那么多事，你们都不提，反而净找我们的问题"的时候，变革型校长可以通过建立一种开放的机制，将班子成员的工作摆在台面上，让教师进行评价。有一位项目学校校长说，他做这项改变是借鉴了教育局评价各所学校班子的机制。作为评价的一方，教师群体是具有很高道德感的，他们一旦看到干部群体的付出，就会给出高分。"我敢说，在我们学校，校长一定比副校长累，副校长一定比主任累，主任一定比组长累，组长一定比老师累。干部在日常工作中，吆五喝六不行，滔滔不绝也不行，就是靠自己去做。结果就是，我们班子得分特别高，区里都知道我们班子得到了老师们的认可。我们向其他学校输送的干部也是最多的。"这种评价机制能够有效激发班子成员的工作积极性，在开放的关系中，他们会更加愿意融入到教师团队中，进而实现和教师团队的彼此认同，产生更深的信任关系。在这个过程中，变革型校长引领班子成员把工作变得更加开放和透明，行事也更加诚实，与教职工之间的关系也更加紧密。

真正的授权应该形成闭环。变革型校长开启变革时，应选用认同变革、愿意率先行动的人，这样的人可能是班子成员、中层干部，更可能是教师。教师以前没有行政管理经验，校长对他们的授权就更要认真思考。授权是为了提高工作绩效，将完成特定事项所必需的权力授给下属，应坚持几个基本原则：一是所授权力的相对完整性，即人、财、物等方面决策权的范围。二是授权并不能转移责任，所授权事项的最后责任依然是由校长来承担。一所项目学校里，一位被授权的中层干部反馈说："校长既然让我干，就要信任我，给我一定的空间，不要天天老盯着我。"还有一位被授权开展课程整合项目攻关的教师说："我本来就不是管理干部，我的团队成员也是校长和我一起选的，但有些成员动不动就直接向校长汇报，我都不知道，这算什么事？"变革型校长对此颇有心得："疑人不用，用人不疑，授权了，就不能干涉，如果老师认为他说了不算，就不会买被授权老师的账。我必须向老师们公开这个授权，让大家向他汇报。他在授权范围内做事的情况，会在每周的工作例会上交流，我就能够知道他干得如何，顺利不顺利，也可以让大家一起提供建议。当然，教师们可以越级向我反映问题，但我不能越级指挥。"校长的"心要大"，这也是使得授权有成效的关键。

努力读懂中层团队

推动学校变革，需要一支有领导力的中层团队。校长确立自己作为领导者的站位，知道自己如何和大家相处，并不代表团队接纳了校长。因为这只是建立团队的第一步。

读懂中层团队至关重要。一所项目学校的校长刚到这所薄弱学校，就立刻感受到了部分中层干部的冷漠。在不断接触和了解之后，她认识到，利益问题是症结所在。例如，老师们认为现在的教师绩效工资制度更加有利于管理者，这导致了他们对中层干部不信任，中层干部也失去了为大家服务的热情。但是经过分析，她看到，这是一个表面现象：中层干部长期被困在过去"村小"的历史中，对绩效工资制度的理解不到位，解释不清楚，同时，他们对年轻一代教师的特点还缺乏足够的理解，认为管理是干部的事，不需要向教师多作解释。长此以往，教师对干部就会"疑邻盗斧"，事事猜忌。她通过与干部、教师的多次交流，让教师逐步改变了原来的看法，提高了他们对中层干部的信任程度，以及中层干部对自己的支持力度。

在校长们的变革实践中，读懂中层团队，意味着理解他们的利益关切、观念和立场，更好地影响他们，使他们转变为变革的力量。然而，这是一件非常不容易的事情。"刚开始的时候，我确实挺不适应的，因为我抓不到人，我不了解大家，大家也不了解我"，汪红震校长说，"第一次到中心校这种体制里工作，要慢慢熟悉这种体制的运作方式，特别是要理解中心校里几个完小主任的角色、完小主任和中心校各部门主任的关系。"她看到，完小主任虽然是中层，却必须要管人管事，实际上像一个独立学校的负责人，和中心校的校长角色一样，但又不能像校长一样站位思考并获得经常出去学习的成长机会。在中心校的体系里,他们更像是大办公室主任,做日常的工作安排。这个落差让他们与中心校的副校长、部门主任产生了交流障碍。"时间长了,我发现完小主任的共同特点就是很孤独。体现在哪儿呢?就是他们独当一面工作带来的高心气与长期被困在具体事务中带来的低状态之间的矛盾,并由此产生焦虑情绪。"这是汪校长的观察。

让中层干部像校长一样思考和行动。正如上面的案例,汪红震校长理解完小主任这种特有的孤独感,并给他们提供相应的帮助,给他们提供机会去学习,在保持原来优势的基础上,让他们提高管理水平以及政治站位。最关键的是,她还让他们感到自己就是一个小学的校长,学会了站在整个中心校的高度来思考问题。"效果也很好,他们逐步认同我,认同一起发展的方向,慢慢从自己的角色局限中跳出来,摆脱了固化的和落后的东西。能把他们团结好,沟通起来就没有障碍了。"

这一做法能够极大提高管理团队成员的自尊心。实际上,在以往的学校组织结构变革中,提倡扁平化管理的学校就尝试将年级主任认定为年级执行校长。我曾就"校长眼中的中层干部角色与功能"主题对300多位校长进行了一次调查,他们的反馈让我非常欣喜:有超过半数的校长认为,中层管理干部应当具有总体设计、横向协同、系统互联的能力,他们不只局限于执行校长的指令,还应当为学校的变革出谋划策;能够领导自己的团队开创局面,有效为团队提供协同和服务,促进管理变革的发生;能够发起专业行动、引领专业发展,是共同体的组织者。这些观点极大地改变了校长对中层管理者的传统定位,赋予了他们"校长"一样的角色,体现了"人人都应当具有变革领导力"的观念和追求。

用专业追求整合教师的力量

学校文化理念体系重塑之后,需要落实到教师的具体行动中。干部和教师两方面力量的整合需要一个抓手，促进队伍凝聚力的形成。这个抓手就是专业追求。

校长专业示范提高教师专业领导力。校长的变革领导力很大程度上体现为专业领导力。专业领导力的内涵，除了其专业能力能够为其他人提供指导以外，还应该包括具有专业精神，能够主动学习不熟悉的专业内容，并把这种精神传递给教师们，在提高教师专业成长意愿的基础上，培养他们的专业领导力，让他们感到自我实现的价值。北京师范大学的褚宏启教授认为："教师领导力的典型特征是非职务影响力，主要体现为教师的专业影响力。教师领导力的本质是教师专业自主权的体现，是教研民主、学术民主的体现。提升每一位普通教师的领导力，既具有工具价值又具有内在价值。"[30]

多所项目校校长谈到一个变革经验：在变革过程中，他们必须"在场"，满足教师对变革安全感的需求；当教师们能够自觉行动时，他们就适当"退场"，将空间留给教师。"在场"的表现之一，就是亲自示范对专业的追求和专业精神。有一位项目学校校长在带领教师到其他学校学习的过程中，他认为这所学校的课程建设经验对自己极其有启发，马上就找到这所学校的校长，了解和追问他们的做法，这让老师们印象非常深刻。教师们认为校长都能够那么虚心地去学习，他们也不能无动于衷。另一位项目校校长启动学校课堂改革，这对他自己来说也是新的课题。为此，他率先学习，和教师分享，同教师专业团队一起去探索和完善。这都是提高教师专业领导力的过程。

形成务实的专业氛围。教师们开始思变之时，变革型校长要营造支持的氛围。有校长表示，以前教师彼此之间有隔膜，不愿意得罪人，担心业务讨论中的"说事"会被误解为"说人"。还有的学校，干部团队也不愿意过多面对真实问题，采取回避态度，甚至粉饰太平。这是非常不利于专业追求的文化。变革型校长对此采取的行动策略不一，但是，首先在教师专业团队中培育新的专业文化是一个好的路径选择。比如，在课程整合项目的团队中，教师们发现，现在一起合作的是不同学科的教师,不像以前都是本学科教研组内熟悉的人,大家相对没那么熟悉,心理上反而轻松了。随后大家越来越清晰地意识到,在一个团队,有一个明确的成果目标,就是为了把课程做好,没有人有自己的功利目的,彼此的交流就会没有障碍。有一位教师说,团队让他们感受到了纯学术的氛围。很显然这是一个专业氛围,有利于破除部分教师"没有成功过"带来的心理障碍,激发教师开展创造性的专业行动。

借助外部力量让教师们受到专业的感召。在项目学校的活动中,很多学科专家充分发挥了专业感召的力量。有一位语文学科专家看到,无论她怎么讲解如何制定和实施教学目标,对教师们的作用都不大。于是她就亲自下场,选择一个班级上课,请教师们一起观摩,之后又跟教师们交流如何制定教学目标、教学设计如何让目标达成等。有一位教师当时特别感慨道:"我都工作20多年了,从来不知道教学目标应该这样写,也从来没有人跟我说过应该怎么写,今天我终于知道了,我以前都是瞎弄,原来写一个目标有这么多的学问在里面。"这样一次专业示范,让教师们有了专业的"样板"可以学习和模仿,最关键的是,让他们意识到了自己也有达到更高专业水平的能力。

很多学校在推进变革时,都会与外部的专业团队建立合作关系,对变革予以支持。我们实施学校整体改进项目的一些经验表明,校长和专业团队要事先进行交流,其中特别需要提醒的一件事,就是专业团队从一开始就要向忐忑的教师们表明立场:我们在未来的合作周期内一起工作,我们是一个共同体。专业团队要通过专业引领和示范,让教师们理解专业"标杆"的高度,感受到专业的力量,凝聚起来,追求专业的成长。

校长和名师专业示范、让教师外出学习交流等措施,能够有效激发教师的变革力量。这与科特(John P. Kotter)提出的"目睹—感受—变革"[31]变革模式内涵一致,体现了教师情绪的作用。相反,"分析—思考—变革"模式过于理性,缺乏对教师情绪的关照,容易事倍功半。

底线之上：增加成员的自主权和责任感

团结的团队往往是允许"不完美"存在的团队。"水至清则无鱼"的含义就是不要用过于苛刻的标准要求所有人，要允许一些不够好的现象存在。在学校管理中，就是应该建立明确的"底线"。综合项目学校的变革案例，可以提炼如下几条底线。

第一，为孩子的真好。北京小学大兴翡翠城分校的张文凤校长表示："不管是谁，你所思所想只要是为孩子好，跟我唱反调都没关系。我们来当老师，必须遵循一个底线，就是为孩子好。"儿童成长是学校工作的全部目的所在，除此之外，别无目的。但这个底线又必须建立在科学的儿童观基础上，如体罚儿童就不是发展儿童，而是伤害儿童。教师与孩子的互动必须遵循儿童的主体性和能动性，不能以一己之见忽略儿童的成长要求。因此，"为孩子好"还不够，必须是"为孩子的真好"。这个"真好"考验学校的儿童观。

第二，专注于事业。有多位项目学校校长表示，他们一点都不想陷入学校成员的关系困境中，因此，"跟班子的关系，我当时的定位，首先就是工作关系。如果这个关系很别扭甚至有点勾心斗角的话，就更谈不上好的私人关系。我跟大家此前素不相识，学校里也没有亲戚朋友，来这里就是要和大家一起干事的。只要干事就是好样的""我跟老师们讲，我来这里就是希望和大家一起，单纯地奔事儿去"。"专注于事业"是一种最基本的关系立场，是学校的底线。校长要让所有成员首先以事业发展为基本追求，并以此作为基本价值观来判断与其他成员、团体关系的纯洁性。

第三，遵循学校制度与基本工作规范。制度是学校核心价值观的体现，所有人都必须遵守。对于学校干部来说，财务制度是底线。一些学校的班子成员缺乏基本的财务管理知识，做决策就容易犯错。张明蓉校长表示：班子里有老同志拿着明显违规的票据让我签字，我坚决不签，并与他分析这是什么性质的问题。后来他也意识到了，他不是有意违规，他就是不懂。校长一定要对类似事项保持清醒，以身作则，示范制度底线，如果这里出现问题，其他的努力都会化为乌有。

张文凤校长说："说句实话，制度是给那些边缘上的人制定的。对大部分人而言，它是摆设，用不到。如果某个人老觉得自己跟制度磕碰，那不用校长找你，你就该反思了。"为此，她对教师考勤制度就放得很开，因为严格考勤"会让老师觉得你把他们当贼防着。我最反对的就是管住人管不住心，尤其是教师这个群体"。

至于规范，那是基于制度进行的更具体的设计。在她看来，"各种规范是什么？就是该备课的时候备课，该判作业的时候判作业，上课的时候认真上课，不能浪费孩子的生命"。

变革型校长确立这些底线，目的是在保证学校正常运转的基础上，给教职工更大的自由度。确立底线，反而能够提高团队对学校的责任感。张文凤校长说："所谓宽松的氛围就是要把教师捧在最高处，捧成学校的主人，他们就会以主人的角色为学校操心，就会跳出自己的小圈子，满眼看的就是学校的发展，站在学校的角度来思考问题，大家一块儿建设学校。"因此，底线其实就是一种信任机制，它可以促进教师们树立更强的责任感，让他们能够在更加开阔的空间、更少束缚的情况下，用创造性思维为学校发展作贡献。

关系大于管理：让外部资源支持学校变革

学校变革需要建立良好的外部支持环境，实现"以外养内"的效果。

"被看见"是每一个人的内心需要。变革型校长会用同理心感受教师们的内心需求，表示最大的关切，以及时的行动对他们的需求进行回应。张明蓉校长描述说："很多老师跟我讲，他毕业就分配到这所学校，几年了连一个局领导的面都没见过，有一种被区里抛弃了的感觉。于是我就借自己在教育局工作过的优势，邀请局里的人到学校来指导教学,也请局长来过两次,主管中小学的副局长来过更多次。没想到这个做法产生了非常好的效果,老师们的感觉不一样了,认为校长说的教育局想要改变这所学校的想法是真的,校长也是有能力的,我们有发展的机会。"教师们的心理需求得到了部分解决,变革就会异乎寻常的顺利,教师们终于敢走出以前熟悉的区域,直面变革的挑战,主动去学习和探索。

让教师们的家人成为学校变革的支持力量。"我一直在做一件事,学校每年有15%的教师考核优秀,大概30多位,我每年都要去慰问他们的家属,一年内都走完。我认为,这些老师在学校里的优秀表现,与家属的付出是密不可分的,所以我一定要代表学校走进他们家里,去感谢这些在幕后为学校作贡献的人。"张文凤校长说,她后来又启动了对新教师的家访。"我走进这些刚毕业三年内的老师的家庭,一方面,我要告诉老师的父母,你们培养的孩子很优秀,另一方面,我要告诉他们我们学校是什么样子的,他们孩子的工作环境是怎样的。当然,我也想看看老师的成长环境,看看他们父母的职业,包括父母的价值观,这能帮助我对年轻老师有更好的了解。"

这是一个非常好的外部关系建设的案例。通过这种关系建设,能够有效地促进教师的团队建设。它跳出了教师办公室、教研组、班级的定位,以及学校管理条块所规定的、程序化的、机械的上下级关系,让学校各处都变得更有人情味,促进整个团队形成友善的、情感依赖的"非正式文化",可以帮助学校变革顺利推进。

第四节
激发变革动力

学校变革是全体团队成员共同参与的行动。如果一位校长已经带来学校改变并被调动之后，学校很快就回到原来的状态，我们或许就可以认为，这所学校的变革可能并没有真正发生，教师团队很可能是被校长拽着走的，是学校变革的被动参与者。学校变革是否具有持续性，取决于教师是不是发自内心地理解变革，自觉开展行动，并最终形成整个教师团队的变革文化氛围。只有形成共同的变革文化，才能让变革持续。

变革型校长采取的一个重要行动，就是激发教师团队的内驱力。校长应充分认识到，教师是一个个性极其鲜明的、高职业自尊的群体，他们对人际环境的认知细腻而敏感，如果内心不能对变革产生认同感，他们很快就会变成变革的旁观者。但反之，他们就会愿意付出自己的热情，变成主动和自觉的行动者。

引导教师克服负面情绪

在薄弱而亟待变革的学校中，教师大多经历了痛苦的心路历程。校长们履职这类学校，很快就能发现问题所在：教学质量低，在本区域排名靠后甚至倒数；时间似乎停滞在很多年以前，教师的教学观念、方法非常落后守旧，看不到课程改革的痕迹；教师们对事业不抱信心，老教师坐等退休，部分教师为眼前利益抱怨，更多的人处于"认命"的状态。此时校长必须保持冷静，不能急于求成，如果自己跑得太快、走得太远，教师跟不上，变革终究会半途而废。

让人们摆脱抱怨的情绪。教师团队的情绪是一种力量，比工作方法和策略还要重要。积极向上的情绪有助于方法和策略的创新。变革型校长往往能更好地捕捉到教师团队的情绪，并在不同的变革阶段始终关注这些情绪的表现，使之转化为变革的力量。

对那些"失序"已久的学校而言，校长碰到的常常是扑面而来的负面情绪。例如，有一所项目学校是两校合并而来，一直处在各种因素的纠缠中，两校的班子成员在一起工作，却各自为政，教师们不能调整状态，长期陷入利益比较和计算中，干部教师互不信任，都在观察校长的行动。还有一所项目学校，某一"派系"的教师有意借班主任津贴的事"生事"，以观察新校长的态度。新校长到任以后，听到了各种说法，他就像刚刚降临地球的外星人，必须尽快找到自己的坐标。对此，变革型校长总会将自己"置身事外"，用倾听而不是表态的方式说不带有任何倾向性的话，明确向教师传递"我不属于任何一个派系"的站位，表现出超越以往格局的气度，赢得不同派系成员的初步放心。

青云店中学的尚文鹏校长在了解到此前的情况后，就下定了决心，要让老师看到一个不一样的校长。他针对影响教师情绪的最关键的问题作出表率，很快就调整了教师的情绪和认知。有位校长了解到此前"家长冲进学校打老师"后立即表态："只要我当一天校长，我保证不让家长打任何一个老师。家长要打，第一个打的也必须是我，跟老师是不是做错了没有关系。"变革型校长们回顾这类往事时都很自豪，因为他们很快就赢得了教师的尊重，通过自己的示范力量将大家从负面情绪中摆脱出来。

利用与教师一对一正式谈话、和教师私人相处的机会，尚文鹏校长试图走进教师的内心，他向老师发出追问："在你的心里到底还有没有这种干劲？如果你想继续混下去，每个月混点工资等退休，那么咱们什么也别说了。但是我认为你是真想干事的，你说发自内心地想干点事，但过去的状况又让你觉得委屈，那么咱们能不能先试着放下，不要评价前人的功过是非，一起想办法，共同把现在要做的事情做好？"绝大部分教师是不想混的，教师这个职业赋予他们的自尊不允许他们这样做，校长可以通过谈话等方式引导他们从以前的情绪中走出来。

用愿景引导大家朝前看。用学校发展的理念与方向，而不是反复谈论陈年旧事，引导教师们跳出来。文化的力量能够有效弥合人际关系的割裂状况，实现整合。各"派系"也会明白，纠缠过去没有意义，必须面向未来。校长随时跟教师们分享学校变革的前景，给他们描述一个能够实现的目标，和教师们一起研制学校文化理念体系，本身就是分享共同未来的一种有效方式。有一位项目学校校长对老师们说："我希望这所学校在我接手以后，不管我在这里工作几年，至少在我离开的时候，能够变成更好的样子，我们一起先把这个蓝图勾画出来。"

在变革行动开始后，校长总是和大家一起研讨实施办法，给教师搭建"脚手架"，让他们能够放心行动。在特定阶段，校长要通过政策或制度让教师确信，他们的努力将会获得回报。除了奖金之外，其中一项特别提高教师职业自尊的做法，就是给他们出彩的机会，如推荐他们参加更高级别的活动等，让他们看到自己成长目标实现的可能性。

帮助团队克服对变革的恐惧。校长的领导力考验着校长促进积极变革的能力。变革，就是创造原来格局和状态中没有的东西。课程的更新、课堂教学中学生主体性的表现、评价导向的人本化等，都是传统的学校运转体系中难以发生的。但与所有行业和机构的变革一样，教师团队一开始对变革总是怀有恐惧、迷茫和猜疑。变革型校长要意识到，任何一位教师面对变革时都会产生那样的情绪，那是一种下意识的反应。这些情绪所代表的，就是教师对变革的提问：为什么？要我做什么？我能行吗？我能得到什么？

如果不能给予明确的回答，不能解除教师对未来不确定性的恐惧，他们就会把情绪反馈给校长本人，成为一种阻力和反作用力，让变革变得步履维艰。此时，变革型校长必须接纳和包容这些情绪，理解导致教师产生这些情绪的处境、能力、亚文化影响因素等，进而创造合适的空间，让教师能够有效进行情绪表达，疏解情绪，从恐惧中走出来。

校长"在场"能够给教师以足够的安全感。教师遇到问题找校长寻求支持时，校长必须有正确的回应；教师提出新的想法，校长要用激励的语言鼓励他们去探索；当教师跟校长提问题、提意见时，校长要设身处地，而不是居高临下，要努力理解，而不是指责。这会让教师们感到校长对他们的支持，因而信赖校长，大家也愿意随时和校长讨论自己的问题，积极参与到变革行动中。

唤醒教师们的职业自尊

校长看教师，就像看到镜中的自己。教师们渴望自己获得认可，希望自己被学校重视，正是渴望与校长同频共振的心理。校长和教师交流的目的就是唤醒。这里主要讨论各个项目学校校长们所采取的几种唤醒方式。

激发教师们的危机感。在接纳、包容和理解教师们的负面情绪之后，变革型校长必须引导大家进入变革的轨道。为此，他们通过各种方式传递学校的愿景、发展方向和目标，以激发他们的热情。有一位项目学校校长在学校的教职工大会上就这样表示："我相信，在座的各位教师都是热爱我们学校的，希望学校能够发展，而不是停留在这么一个落后的状态，因此，我们一起来，抓住眼下这个发展机会，也给自己一个实现价值的机会。"他用这样的话撕开了大家的"面子"，有利于打破表面的平静甚至消沉状态，让大家感到变革的紧迫性。还有校长邀请老教师来分享曾经历的学校辉煌，以此来激发教师，希望大家能够一起奋斗，以再创业的心态开展工作。

让个体教师说出自己的职业困惑。校长与教师的一对一交流有助于解除教师的顾虑，教师此时更愿意和校长说真话，说心里话。张明蓉校长利用听课的机会，在课后与上课老师随意交流。她发现，教师其实很希望校长来听自己的课，这让他们觉得自己受到了校长的关注。上完课后，教师也很愿意跟校长交流自己的想法和困惑。有一位校长就听到教师这样的话："校长，我们真的不是那种不上进的人，也真的不甘于当倒数第一。和我一起毕业的同学，在另外一所学校工作，我比他努力得多，但每次比赛都不如人家，几次比赛下来就没意思了，出门都不好意思说学校的名字。"多位项目学校校长的经验表明，教师的这种认识是引发学校变革的珍宝，是教师内心深处对自己职业的自尊感使然。这种职业自尊是群体性的，能够吸引每一个教师去关注自己的职业现状，并将其转化为改变的力量，为未来的变革提供可能性。有一位校长说，能够率先跟他说出这种话的老师，恰恰也是专业水平不错的老师。她有意识地给这些老师提供成长的机会，这些老师果然在后来开展的课程整合项目中成了专业团队的领导者。

陪伴教师度过实现职业自尊的闪光时刻。 前面已经说过，校长要时时"在场"。一种特殊的"在场"就是，抓住教师们的闪光时刻。张明蓉校长说："我一开始是'带'着老师前行，后来更多的是陪伴。有一次，老师们承担了区级研究课的任务，这是相关部门安排的赛课活动，我一直陪伴他们参加比赛或展示。当老师获得奖项的时候，他们激动地和我分享成功的喜悦，我发自内心地为他们高兴，这就是激情的感觉。对这些从农村学校转过来、以前没什么机会的老师们来说，这是一次重塑自信的过程。他们获得的名次越高，成就感就越足，自尊感也会越高。"从已有的案例来看，变革型校长有一个共同的特质：善于抓住"庆祝"的时刻以实现对教师团队的激励。

以形象改变提升职业勇气。 女校长在这方面会做得更加出色。张明蓉校长讲了这样一个案例："2016年，我们给老师们做了一套校服，很好看。之后，我们就要求老师每一次出场，不管是开会，还是参加教研活动，只要是代表学校的公开场合，都必须穿这套校服，形象上不准拖后腿，打扮必须洋气。我觉得一个人的外形很重要。当人注意自己外形的时候，就会对自己有要求。出去后首先就能感觉到其他人的尊重和赞扬。气势压倒一切，给自己提振一下士气。一个人有了自信，才可能最终迈向成功。"一旦让教师从形象气质上有了"要好"的心气，就可以顺势而为，深入讨论学校的问题和解决办法了。

抓住变革的机会

一所薄弱学校从内部产生足够的动能来推动变革可能并不容易。相对来说，运转较好的学校有足够的能力变革，但也需要机会。这是对校长的考验。

引进外部资源，创造变革机会。来自外部的机会和资源能够被校长有效利用，推动变革。在一次校长研修班上，一位来自赤峰的校长跟我分享了他抓住变革机会的故事：他接手一所薄弱校之后，发现教师的工作态度、教学水平都有所欠缺，便把与自己有良好关系的自治区书法协会作为资源引进学校，以特色建设的方式，开展汉语和蒙语的书法教育。这还不是关键。关键是，他让全体教师也要学习书法，并且和学生一起练习。教师们由一开始的无奈接受，逐步变得积极起来，因为教师们不希望在自己的学生面前表现得落后。就这样，教师们的职业自尊被激发了，学校在后来的几年中发生了巨大的改变。类似的例子还有很多。在杭师大的一个校长培训班上，一位浙江富阳的校长借助信息化建设项目带动全体教师重新确立学校发展共识，也取得了成功。北京的一位校长在得知能够加入市里的协同创新项目学校后，立刻跟教师们交流："我个人认为，这是我们这所中学的最后一次机会。第一次课改中，我们学校连个尾巴都没抓住。如果这次再不迎头赶上的话，我们就会被远远地抛下，甚至淘汰。这所中学的名字都有可能消失。就算为了保住校名，保住最后一点尊严，我们也要置之死地而后生，一起行动起来。"他后来说，这是他职业生涯中"最得意的一个决策"。

抓住政策重大改变的机会促进反思与行动。汪红震校长对政策特别敏感。在 2021 年 3 月，离"双减"政策出台还早，她所在的学校接受了六七次密集的督导调研，并马上把结果反馈给了学校。她认识到，这是重大政策的前兆，便立刻开始带领干部教师研究反馈的问题。大家形成的共识是：督导调研所反馈的问题很聚焦，都是学校课程和教学的最基本问题，是备课和课堂教学的基本规范，也是过去按老方式解决不了的问题。"我就跟几个主任说，这种情况必须破解，怎么破解呢？那就是梳理出共性的东西，然后建制度。本质的东西就是常规。常规才能看出你的真本事。我们制定了教师的课堂常规十条和学生的课堂常规十条，并要求教师必须先做到，再去管理学生。随后，大家一起梳理以往的备课环节存在的问题。就这样一步一步调整所有的环节，使之变得更加清晰明确，教师们就好执行和操作了。"等到当年9月国家的"双减"政策正式实施的时候，这所学校的基础性变革工作都已经到位，并且取得了初步的变革成果。年底，学校就获得了区里的教学质量一等奖。

将加入特定项目作为变革的机会。张明蓉校长是一个非常善于抓住机会的人。她认为，学校在那么薄弱的基础上发展起来，要归功于当时区里提供的参与学校整体变革项目的机会。"大概是2015年10月初，有20多所学校在双林小学参加'竞选'，我跟老师们讲了我们要做什么，教育局要做什么，我们为什么要争取这个机会。如果我们得到这次机会，我相信通过我们的努力，学校未来会发展得很好。我在作发言准备的时候，也让行政人员和骨干教师参与进来，在陈述现场，我也带了三位老师。我做这些，也是想给他们刺激，给他们以前从没有的经历。当然，我也要在老师面前露露脸，让他们更了解我并认同我。通过竞选成为整体变革项目校以后，老师们受到了很大的激励，也感觉到自己的力量，这成为促进我们学校变化的开端。"

变革机会能否抓住，考验着校长将相关信息转化为行动的能力。变革型校长的故事表明，一方面，他们始终保持对政策、项目、资源等相关信息的高度敏感，并随时建立这些信息与学校变革之间的有机关联，进而创造变革行动的机会；另一方面，他们保持着敏锐的行动能力，看到机会出现，就立刻动员学校团队成员进入变革的前沿阵地。

此外，变革型校长会通过抓住这个机会，系统了解学校，摸清家底，并把问题清晰地呈现给所有人。在共同工作的过程中，大家一起澄清学校变革的方向，促进共识的形成。还有的校长利用这个机会，将此前已经被认可但难以落到实处的学校文化理念一并纳入具体的变革行动中，既增强了大家对文化理念的感性认识，又能够根据实际情况调整这些文化表达，或对内涵进行重新解释。这是一个文化理念体系与学校具体工作反复互动、实现更好融合的过程。

在开放的环境中寻找行动参考

尽管教师团队的情绪与心态发生了转换，变革的机会也出现了，但是，要变什么，怎么变，光靠校长讲是讲不清楚的，因为校长本人也在思考和摸索中。校长需要再进一步，在开放的环境中激励教师的行动意愿，这是激发教师变革动力的关键一步。

走出去，看看别人是怎么干的。 张明蓉校长在竞争加入区里学校变革项目的时候，有意识地选了两位老师、一位行政干部和她一起去参加考核，给他们出现在这个场合的机会的同时，还希望他们了解考核的内容和项目的要求。听了那么多学校的陈述之后，这些干部和教师就会将学校现状与其他学校对比，慢慢建立对变革的理解。他们回到学校与其他老师进行交流和分享，会对后面的行动有所帮助。随后，在开展课程整合的行动中，校长感觉到大家对此缺乏基本的感性认识，于是便带领老师们走出去，考察其他学校，学习其他学校的做法和经验，进一步激发教师们参与变革的动力。

给教师们提供外出学习的机会。 不愿意主动接收外部信息往往是学校变弱的一个隐形因素。有一所学校的新任校长说，这所学校几年以来都没几个教研员来过，这太令人感到意外了。然而，变革型校长认为，变革就是要进入陌生的领地，找到一个参照物，鼓励教师大胆行动。他们会毫不迟疑地为教师们提供外出学习的机会，让教师们在开放的环境中感受其他学校的不同，作为自己行动的参照。

此外，很多变革型学校都建立了外出学习的相关制度，要求教师外出学习回到学校以后，必须在一定范围内分享学习的心得体会和可供借鉴的方法。这种做法不仅增强了教师团队的内驱力，还培养了教师们的变革领导力。他们还会和外出学习的教师预先讨论要学什么，看什么，怎么看，给大家提供学习的目的和方法，这是特别重要的一个学习方法，带着问题、有了目标，会大大提高学习的效率。有一位项目学校校长带领教师外出参加培训，就有意识地将老师们分散到不同主题的教室去听课，要求他们在听课的时候进行课堂观察，做观课记录，事后大家再集中在一起，写成课例形式，并讨论可以学习和借鉴的要点。

让部分人先行动起来

学校变革是渐进的过程，教师的变革意愿不可能是整齐划一出现的。有变革型校长分享过他们的经验：年轻、有进取心、有想法、还在追求职业荣誉道路上的教师，往往有着更强的变革意愿。这只是一种经验判断，不一定准确，但给我们传递了一个如何启动变革的策略，即学校变革需要从部分人的勇敢行动开始，由点带面，激发全体教师的变革内驱力。

组织结构变革有助于一些先行者出现。有一所城镇项目学校，其德育主任给我的印象非常深刻。在前期调研中，他介绍说，自己管理学生的办法能够让学生在课间十分钟都保持安静，这才是好的德育管理。但后来在学校改进的过程中，他却当了变革的先锋官。多年之后，在和当时的校长讨论的过程中，校长说出了她的看法：这位主任之所以能改变，有几个原因，一方面是因为他的个性，他是一个非常实在的人，愿意服从校长的要求，执行力很强。另一方面，学校已经建立了多个课程整合的教师专业型组织，一些课程被搬到社区去上，需要他提供支持。他从此就开始改变对学生的管理办法，还给学生搭建了展示才艺的活动场所。班级管理也开始让学生唱起了主角,德育主任与班主任之间的管理关系也在发生改变。一年后,学生们开始和老师一起开发课程,搞"课程嘉年华"活动,考试成绩在区里也迅速实现了大进步。

变革型的教师专业组织改变了传统的垂直管理关系,能够让一些教师率先认识到自己的角色和功能必须进行哪些改变。德育主任的主责就是学生工作,德育主任率先改变,就像破开的竹子,迅速引起了整体局面的松动。解放学生,释放学生的活力,往往能让学校变革更加快速。在这个过程中,学校逐步认可了新的儿童观,即学生具有主动性、能动性和创造性。从这个例子我们也可以看出,率先实施这个关键行动的是执行力强的人,而不一定是充分理解理念的人。在变革初期,行动的坚定性往往比理念的先进性还重要。

把自己对变革阶段的预设转化为激发教师的行动。北京大峪中学的曹彦彦校长在开启学校变革时,并不知道哪一位老师会先行动。她通过分析改革的政策、教师和学生的情况,研读众说纷纭的改革理念,最终选择了学校要改革的第一个目标,即"迈出课堂半步",并向全体教师传递这个信息。她说,总会有人朝着这个目标先走一步。在这个过程中,她对先行者的工作随时保持关注,在他们取得一点进展的时候,就在学校各个平台上帮助他们提炼经验,进行传播和推广。她把自己的角色定位为居于震源中心、不断加大震幅的人。此时,部分教师开始看到这个方向,尝试去理解和模仿,逐步卷入到变革行动之中。学校围绕课堂这个改革主题进行多样化的探索,从校长的角度看,这些探索是被既定方向所牵引的,自主、多元而有序。特别重要的是,教师们也是先行动,在行动中体验和感悟,在学校平台上得以总结和提炼,从而提升自己的改革理性,为后期的课程改革铺垫了很好的基础。

等等慢一拍的人。教师和干部不可能整齐行动,总会有慢一拍的人。对这一部分人,变革型校长认为,这在他们的预判之内,里面有些是年纪大的教师,他们本来处于半退休的状态,突然面临一个脱离自己以往经验的改革,慢一拍是必然的。校长必须耐心等待他们在下一个阶段进入状态,千万不能用行政的力量施压。在一所项目学校里,有一位59岁的数学老师,在年轻教师热火朝天的行动中,也开始激动起来,主动为学生开设了一门"国际象棋"课程,校长非常感动,并在各种场合表扬这位老教师。这也印证了教师这个职业群体的总体形象:充满热情,但需要更多的激励和支持。

有意识的"推"和有意识的"等"一样重要。前面提到的那位赤峰校长的做法就是把整个教师队伍从"不愿意"向"愿意"上推一推,而对部分行动缓慢的教师,校长却需要"等"。有的时候,"等"和"推"是变化的。比如,对班子成员和中层干部,可能比教师更需要等,单纯用行政命令施压,效果会适得其反。"等"得差不多的时候,就需要"推"。看到部分中层干部对改革的胆怯后,就"推"一把,让中层干部加入教师们的项目组或课题组,让教师们的热情和行动感染并带动这些干部。中层干部本来大都是专业教师出身,他们的加入既让干部理解了改革的内容,又能实现专业成长,对中层干部来说,这是可以接受的。项目学校的经验表明,这些干部都成了变革的积极支持者和行动者。

第五节
创新专业组织

在一所中学的文化建设活动中，有一组80后教师对学校组织机构提出了变革期待（见图3.2）。他们画的这个图中，左边的图形表明学校目前的组织结构的层级制现状，从校长到学生一共有六个层级。在这些年轻教师看来，这让他们跟校长及其他管理者之间有很远的距离，在现实中也难以产生亲切感。另外，层级太多也影响了信息传递效率。他们期望新任校长能够建立以学生和教师为中心的组织结构，学校的各个职能部门应该承担服务、支持和保障的功能，而不是传统的"管理"功能。

由此，我们需要讨论的是什么样的组织运行结构才能适应学校变革的需要。

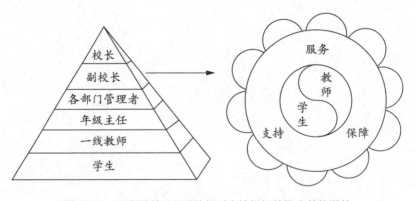

图3.2 一所学校的80后教师对本校组织结构变革的期待

科层制组织结构的限度

正如上页图 3.2 左侧所示，科层制结构体现了等级地位以及"命令—服从"的内在机理。科层制所形成组织文化的内核呈现"技术化"的机械连接，其中的个体处于被动地位，很难成为变革行动的积极参与者和智慧的贡献者。

学校的科层制结构，有几个方面的影响必须正视。一是因为层级太多，校长传达的信息会损耗，到了一线教师那里，就有变得似是而非的可能，同时教师也会成为这个机制的消极行动者，影响决策的真正落实。二是过分强调校长的个人作用和自上而下的管理方式，拉大了校长与教师之间的鸿沟，一线的真实反馈不能有效传导，容易导致决策失灵。三是每个人尤其是离学生最近的人处在被安排和被要求的地位，降低了他们行动的主动性和创造性。

科层制的组织结构非常适合推进自上而下的学校改革。这种按照线性进行的改革，将严格执行政策规定作为行动方式，校长作为行动的第一责任人，在学校内向下级分配任务，并分配到科层制结构内的各个部门单元中，执行的结果也会由部门鉴定和评价。

然而，按照教育治理现代化的要求，学校应该逐步形成平等协商、多元共治的理念，传统管理组织结构需要适应这个理念和要求。与此同时，"以学生发展为本"的课程教学改革让学校管理者意识到，封闭性和线性体制难以真正达成这些改革政策期待实现的目标。从第八次课程改革到新出台的 2022 年版课程标准，一直强调学生的主体性、跨学科学习及情境化学习等，教师成为与学生一起学习的对话者和共创者，而不是以往的知识传授者。教师角色转变了，学校传统的教研组与年级组的运行、学校行政职能部门与教师的关系等都将面临改变，总体上对层级制管理体系的变革提出了要求。

变革型校长充分理解层级制管理结构松动的可能性。他们越来越清晰地意识到，靠过去的"命令—执行"方式，将会让教师团队回到以"教"为主的状态。他要从"管理者"角色中脱身，成为变革的"领导者"，进而通过学校的组织结构变革影响全员，有效激发变革的组织文化。在这个过程中，变革型校长更加相信，每一个人都具有变革领导力。

实现改革力量的转向

国家政策是推动学校改革的动力。这是一种自上而下的力量。很明显，校长处在"中央—省市—区县—学校"这样一个力量链条的末端。学校变革意味着，校长要将这种自上而下的国家要求与自己主动求变的力量合而为一，形成学校变革的混合动力机制。校长不能只是被行政力量推着走，他要以国家政策和政府要求为依据，读懂自己的学校，把纵向的力量"折"过来，转变为横向的力量，进而确定学校内部各机构之间、教师之间、管理干部和教师之间的关系，采取更加有力的变革行动。这种横向力量呈现以下两个主要特征：

校长是政策的接受者和执行者，同时也是学校变革项目的开发者。校长是国家政策的执行者，但一旦在学校开始落实政策要求的变革，他就不能只是下完命令然后就坐在办公室等结果的人，而是要"下场"，带领干部和老师们一起研究、讨论，开发课程、教学、评价等业务产品。此时，他也是学校改进项目的开发者。基于这种角色的变化，校长就不能习惯于科层制组织具有的确定线路，按原有规定行事，而必须采用领导力工具，去发现学校变革问题，通过对变革方向的一再确认和把握，理解学校不同阶段的变革特征，带领团队冲破惯性阻碍。校长要让自己站在团队中间，而不是站在后头让团队"顶上去"。总之，他是带领学校全体成员"再创业"、让学校实现转型的人。

新的专业组织以横向合作方式连接。基于专业导向和变革任务，如主题课程开发等，教师们组成一个个专业团队，团队中的每一位教师都对学校变革负责，彼此尊重和承诺，积极互动和反馈。团队内的教师与干部们通过对话、讨论、反思和质疑，形成非线性的、创造性的工作氛围，共同推进"因校制宜"的变革行动。这是学校内形成的一种新的专业组织，这种专业组织让干部和教师们建立平等的专业关系，从而推动变革的实现。

"双元驱动"：建立网络状的专业单元

组织结构的扁平化仍是以"管理"为理念。层级减少了，但层级还在，部门平行了，但"部门墙"还在，繁杂的行政程序还在。我们注意到，学校常会采取一种做法，即为了完成重点工作和突击性的任务，从各部门抽调成员，成立新的、临时性的工作小组或写作班子等。其运行方式就是，在不增加传统组织结构负担、不触动层级管理体系利益的基础上，最大化地释放组织机构的潜能，完成攻坚任务，形成学校对外部环境变化的快速反应。然而，这种偶一为之的工作小组，一旦完成任务就会解散，不具备连续性，还不足以承担学校持续推进的系统变革任务。

学校变革需要创业型组织结构。我们已经讨论过，教育哲学的转向，注定让课程改革不能按照单兵突破的思路进行。课程变了，课堂教学方式必须变；课堂教学中的关系和时空变了，教师的理念、能力和行动方式也必须变；相应地，对教师行使管理、支持和服务功能的各个组织机构也必须变。这是一个由点到面、由面到立体的全方位变革，是学校的二次创业。

既然是创业，那就需要学校在对科层组织不进行大变动的情况下，大量发展专业型组织。变革型学校的经验表明，变革开启之后，大量教师从原来所属的教研组、备课组等走出来，成为课程改革项目小组、小微课题组、主题工作坊、名师工作室等的成员，这些专业组织之间不是彼此分隔的，而是统筹于学校战略下，在任务、人员之间横向连接，按照平面化、多点化、常态化的方式运作。这是一种网络状的组织（见图3.3）。

图3.3 网络状组织的结构

企业界同样关注这种网络状组织的形态。变革领导力学者科特认为，在如此复杂和可持续的企业变革中，在层级制必要存在的条件下，企业必须发展出一种"具有灵敏性和快速运行的特点"的"网络状的第二系统"[32]，我们可以简称为网络状组织，由各种小型的专业团队组成，以满足组织对变革任务和产品创新的需求。

早在2004年，北京的广渠门中学就变革了学校管理组织结构，成立了课程部，下设"课程研发中心""课程协调中心""课程管理中心"等机构[33]，这是打破科层制组织局限的有益探索，是我国学校组织结构变革的开创之举。在很多变革型学校，组织结构变革并不是校长一开始就想到的，而是一种下意识的思路。2015年，在国家提出深化课程改革之后，有些具有较高行动力的校长为了推进课程整合，就组织部分教师以小团队的方式行动，当时他们并没有将其作为一种新型专业组织对待，但当这种方式激发起变革活力的时候，变革型校长就能够发现这种专业组织形态的开创性价值。

专业组织能有效改变学校组织文化。越来越多的变革型校长认识到，学校里设立这种网络状组织是一种组织形态的变革，打破了他们过去对组织机构的认识局限。这些网络状组织虽然不是传统意义上的正式职能部门或业务科室，但它是专业组织，有自主的运转方式，与正式组织之间逐步形成了交互和协调的关系。学校干部可以成为专业组织的成员，也可以成为负责人，这让干部能够融通管理工作和专业发展两个角色，能够有效协调学校资源支持专业组织及其任务。同时，更多有专业能力、愿意和其他成员合作的教师可以成为专业组织的负责人。

这种组织的大量"繁衍"，能够有效改变学校的组织文化。所有教职工都积极进取，提高自己的专业能力，积极争取成为专业组织的负责人；在任务驱动、问题牵引的工作方式下，每个人都遵守专业规则，为达成项目目标而开展合作；学校建立了倾斜性的奖励政策，让专业组织成员都知道自己付出所能得到的回报；学校的文化理念对专业组织的引领作用远远强于层级管理结构提出的要求；层级管理部门和干部所追求的规范管理和效率，要服从专业组织的需要，他们要学会和其他老师协商行事；学校每一个成员的领导潜能得到有效培养和释放，大家都积极找到问题，主动寻找外部信息和资源，深度反思，在实战中培养和提升广大教师的变革领导力。变革型校长要做的，就是推动专业组织的发育与发展。

"领着干"：校长专业领导角色的内涵

中小学校长是行政管理者，也是专业领导者，是多重角色的复合体。在教育改革的进程中，越来越强调校长的专业领导者角色。比如说，校长要具备课程领导力和教学领导力，还有其他各种领导力，这反而让人感觉到校长这个职务似乎又回到了全能型的、各方面都高超的"英雄校长"的定位。因此，应该重新确认校长专业领导角色的内涵。

校长应该是领导学校成员实施变革的人，是变革型领导。校长可以是课程专家或者名师，但他们真不一定应该精通每一项业务，是每一项工作的专家。他们更多的是"领导者"，要带领大家前行。多位项目校校长表示，在这个年代，校长要面对观念多元、诉求多样的教师群体和家长群体，还要面对复杂的改革要求，他们做不到全知全能，他们更注重通过与老师、学生、家长和社会部门的对话合作，凝聚智慧做好学校的工作。

根据这一内涵，校长首先必须对"做正确的事"负责。他们能够研判学校变革的基础和形势，为学校确定发展方向，用愿景引领大家前行。校长要花很多时间静下心来理解政策要求，辨析各种理论和理念，深度思考学生、教师的发展现状等，从中确定变革的方向，规划变革的路径，找到适合学校需要的社会资源，并动员学校成员开展行动。

校长的变革领导力能够适应不同学校的状况。一位曾在多所薄弱学校工作并和我们成功合作、带动学校实现改进的校长表示："无论被安排到哪儿，我都会从内心去思考这所学校的状况并定位自己的价值与策略。学校的发展基础各自不同，这不是我能控制的，但我能够控制我的专业能力。我要走的是有专业领导力的道路，以应对任何类型学校的变革需求。"

变革型校长强调"情感"的力量，用混合方式推动变革。校长要从"命令"这个方式转向更加复合的推进方式。在"管理"和"领导"概念的区分中，摆脱这个职位赋予的"权力感"，采用情感交流、协商、学术引领的方式，再加上必要的命令，以更加混合的方式推动变革。企业越来越强调"情感"对大型变革的影响，就是希望领导者能够营造乐于变革的情绪，消除抵制变革的情绪，建立有利于变革的人际关系和团队氛围。在学校变革中，校长关键的行动是消除教师对变革的不安全感。李德元校长在上海第三女子中学的时候，就跟老师们讲："你们放心去做。如果做错，都是我的责任。"变革型校长常常需要以这种姿态消除变革给教师带来的"不安全感"，引导教师的负向情绪向正向情绪转变，构建校长与教师之间的良性关系，积蓄支持整个变革的能量。

校长"领"着教师进入专业的状态。有一位项目学校校长的做法是："在我们建设思维发展型课堂的过程中，我从最开始就带着老师去学理论，研究各学科的核心素养。仅靠读书或者请专家来讲一讲，这样肯定是不行的。通常是我先自学，然后和老师共学。然后我们会制定特别细致的考核办法，组织一些有意思的活动，让教师在活动中去理解。有一次开全体教师大会，我们随机抽签，抽到哪位老师就由哪位老师讲讲，他是怎么理解其中某一点的。讲得好，我们会送他一个毛绒玩具，老师特别开心，感觉像玩游戏一样。用这种方式让教师把理念层面的东西内化，效果比枯燥的学习更好一些。再比如，我们后期推动教师打造展示课，会提前制定评价标准、评价细则。无论进行哪项改革都要给老师一个明确的指示，有方向，有引领，这样才能往下推。"

  有一位校长认识到，要想让大家做起来，自己必须先做起来。因此，他起草了学校发展计划及教师培训方案，详细和老师们交流，让大家知道不仅要做，还知道怎么做。这也是校长推动大家认可、理解变革的过程，让他们感觉到校长有能力引领变革。有一位校长结合学校以往的常规制度非常薄弱的情况，带领大家建制度："一定不是说我想好了，你就去干，要先有一个前期的沟通分析，知道我们学校需要这些。制度构想有时候是我写出来的，有时候是主任写出来的，但整个过程一定是我领着大家做。文本写出来以后，大家再一起调整、磨合，我的角色是指挥员和战斗员。这个做法可能很笨，也很累，但这就是我们学校的校情和发展策略，既要保运转，又要保发展。运转就是抓常规。借助'双减'政策，我们做了很多工作。我们这所学校已经落后于这个区域的发展，所以，我们既要干新活儿，还得把落后的补起来。"

  "领着干"，就是校长变革领导力在行动上的一种体现方式。

挑选和培养合格的专业团队负责人

  发起成立网络状专业组织，是校长及管理团队的重要工作，影响着学校变革的全局和可持续性。

在现有队伍中找到合适的人先行动。 有一位校长说:"你必须选有能力的人,光有热情和上进心不够,还得有能力,综合素质好。"这位校长刚到这所薄弱学校时,通过与干部、教师的一对一谈话来了解他们的心态,通过听课来了解他们的业务水平,看到中层干部变革意愿不强,他就开始选出一些老师,看谁擅长做这件事情,就带着他做,形成很多"点"状组织。随后,他就开始推行一些措施,让这些点状组织连接起来,形成面,形成体。"我没有想到的是,一开始就几个人去做,后来全都上了,现在有二十几个项目组。尤其是最初干起来的那几个语文老师,我真觉得他们把生命的热情集中在那两年绽放了。这种感觉让人热血沸腾。"

先培养学校教职工,然后让他们成为专业组织负责人。 一位项目学校校长充分利用在区教育局工作时所建立的各种资源关系,将选中的语文、数学和英语等学科教师送到区里的学科中心组。他们在那里参加教研活动,要发言,要主动上示范课,要作讲座。回到学校,还必须结合学校的任务反思、提升,与同事一起研讨落实方案。时机成熟的时候,他们带头建立专业团队,负责合作研究,承担学校的课程开发、课堂改革等攻坚项目。

"刚开始的时候,我们的老师水平确实不行,去赛课时,头几次很难得到好的评价。慢慢地,名次就开始上升,甩掉老垫底的阴影了。大家有信心了。一年以后,我们的老师出去赛课,就经常拿一等奖了。我的策略就是先培养一部分能冒尖的教师,用他们的成功唤醒更多的教师。这些教师作为先行者树立了专业威望,就能够带领大家开展共同研究,从而让更多老师加入专业团队。"

教师对自我价值实现的追求,是网络状专业组织能够发展并支持变革的本质所在。 变革型校长都认识到,如果用行政命令的方式压下去,往往适得其反。行政命令也难以关照到教师的专业特征、专业意愿和专业需求。即便从教师这个职业人群的特点来看,学校也必须从实现自我价值的需求出发推动变革。自我价值实现的需要,是网络状专业组织促进学校变革发生的内在动力。

随着网络状专业组织运行的成功，教师们都越来越感受到，在这个组织中，"我可以""我能行"。这种自信将扩散到全校，形成变革的凝聚力。学校的网络状组织带来的显著变化，就是教师处于自觉行动、随时参与的良好状态。

在一所学校里，我们看到老师们会随时跳出自己参加的专业组织，自发组织各种随机研讨，根据研讨结果及时进行修正。一个小话题、一个临时性的教学设计，都能让老师在课间或其他零散时间讨论起来。有这样一个例子：一位语文老师在上课，一位音乐老师在门口听了一会儿，认为语文老师上的课不符合课程整合的要求，就忍不住推门进去，跟语文老师说他想试试，语文老师并不以为忤。结果证明，音乐老师上的课更受学生欢迎。这就是专业组织孕育出的良好的研究氛围。在变革取得初步成效的阶段，人们经常能感受到这种整体蓬勃向上的氛围。

选择和培养网络状专业组织的负责人，是变革型校长的重要工作。基于专业组织具有平行的、跨部门的、多点连接的学术特征，校长必须唤醒教师自我价值实现的心理需求，给他们提供学习和成长的机会，在网络状专业组织运作的过程中，随时"传授"他们带领他人的能力，这是校长向广大教师"复制"变革领导力的好机会。

与此同时，变革型校长会意识到，这种网络状专业组织具有强烈的专业自主的特征，在特定范围内，具有决策去中心化、行动富有专业性和灵活性的特点。校长要处理好和网络状专业组织及其负责人的关系，改变用权力管理的思路，而把力量用在确定变革方向、制定支持和激励政策、传播专业成果，以及将成果转化为学校的影响力上。

为专业团队搭建"脚手架"

突然进入前沿的改革阵地对教师们来说是一个巨大的挑战，他们不仅需要心理安全，更需要有效的专业支持。变革型校长深知这种挑战，在"领着干"的同时，还着力构建校本化的"脚手架"，帮助网络状组织中的教师实现专业提升。

"脚手架"有其理论来源。在实际工作中，其重要意义在于，帮助学习者从已知进入未知，寻找解决未知的方法，进而产生对未知的理论阐释，实现从经验向理性的飞跃。

李文平校长就明确地说："不要单讲授权，我觉得授权是一方面，赋能是另一方面。两个事要结合起来。比方说，年级组要做的事，年级组就要先出方案，有问题我们一起解决，讨论的过程本身就是赋能。而专门的赋能工作就是给老师提供技术支持，给支架。对我们的教师来说，搭建支架要回到一个起点性的问题，就是如果你想干这件事，需要提前准备什么？"

因此，在推进落实高中课程改革的进程中，她设计了"课堂六问"，作为教师教研、备课、上课的"脚手架"。这"课堂六问"就是：这节课的必备知识是什么？必备知识所要提升的学生的关键能力是什么？最终要培养的价值观是什么？在这个过程中你是怎么实现的？你如何去检验这件事是否达成？教学过程中你如何使用教材并指导学生学科阅读？然后，她就去听课，听完课就追问老师这几个问题。虽然老师会很紧张，但这个工具促进了他们反思和改进行动。

这"六问"不是孤立的。学校要组织不同层面的教研和内训，让每一位教师记住并理解学科核心素养的具体内容，通过课标解读，将学科核心素养内容转换、细化到备课和教学环节。在备课环节，根据学情、教材、高考考查点、学校所推进的课堂模式、课堂活动、作业布置等，提炼出"目标—环节—策略—活动—评价"的业务链条，让教师知道怎么一步一步往下进行，逐步深入。我们再看两个"脚手架"的例子（见下页表3.8）。

表3.8　干部思考工作计划的"脚手架"

> **教研组长**
> 1. 教研计划的设计：本年度教研需要解决什么问题，教研工作的重点、难点是什么和为什么。
> 2. 教研工作的安排：每次教研的目的、主题和教研方式等。
>
> **备课组长**
> 1. 基于本学科本学段教学基本问题的改进目标。
> 2. 质量提升计划：课堂组织、检测、作业优化、试题的研磨等。
> 3. 学科特色课程及活动计划：选修课、阅读工程、实践作业等。

我们知道，大多数中层干部为工作汇报、工作计划所苦，要么是流水账，要么文不对题。变革型校长必须理解自己的领导力所在，那就是提供脚手架，为干部教师提供思考问题的步骤。通过这个脚手架，干部及教师汇报的内容就有理念、有章法、有行动措施，最后还能回到理念上。这是一个提升教师思维水平的做法。

有一所农村中学，学术团队发展到一定的程度时，教师们都非常踊跃于开发课程。对此，校长提出，我们要从以前的经验进行规范，提升课程开发的理性。于是组织干部教师一起制定了简易版的"课题申报书"，老师们申报以后进行答辩，评委通过才能开发新的课程。这个过程中，教师必须明确课程所需资源，确定具体行动计划，有助于提升教师们整体和系统思考问题的能力；教师们将希望开发的课程与学校的培养目标联系起来，有助于教师们学会追问"为什么做"这门课程。对一线教师来说，这一工具能帮助他们更理性地思考课程与教学问题。

表3.9　作为课程建设指引的"脚手架"

> **课题负责人情况**
> 1. 教学情况。
> 2. 学术研究情况。
>
> **课程描述**
> 1. 课程开设的意义。
> 2. 课程开设需要的资源（场地资源、人力技术资源、物质资源）。
>
> **课程总体建设的目标、计划、预期成果**
> 1. 课程总体建设的目标（体现学校文化、办学目标）。
> 2. 课程实施计划（尽量具体）。
> 3. 预期成果。

认识到学校变革所处的阶段，适时在学校层面做好制度引领和方案设计，让教师以最为自然平和的方式进入下一步改革，是校长在变革中引领作用的充分体现。

做好科层组织与网络状组织之间的协同

在以变革为主要任务的学校，这种网络状组织会更多、更突出。一旦变革成功，学校再次进入以规范管理为主要任务的阶段，层级管理组织就会成为主体，网络状组织就会萎缩，但不会消失。总之，这种网络状组织是应变革需要而形成的，它与成熟的学校层级管理结构，共同组成驱动学校变革的"双元"（见图3.4）。两个系统平衡运转，并服从学校的总体战略。项目组等专业组织的研究工作关系到学校整体变革，校长必须做好层级管理机构与网状组织之间的协同工作。

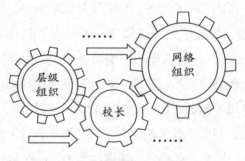

图 3.4　双元驱动系统图

学校班子成员承担协调工作。针对不同的改革项目，学校的班子成员进行分工，各自承担某一项目的统筹协调工作，这样一般不会出现两种组织类型的结构性冲突。

班子成员往往通过例会进行工作统筹。在学校的工作例会上，项目组要通报工作安排，大家一起讨论哪些工作会有冲突，并彼此做好协调。校长及其班子成员要参与到网络状组织的筹设、运行和效果评估的每一个环节中，从而对各个项目组的目标、运行状况、困难和进度等都有深入的了解。在这个过程中，校长还有一个重要的工作，就是要对教师进行激励。制定合乎校情的激励制度，才能让网络状组织完成预期工作，实现学校的变革目标。

设置教师加入专业组织的限定条件。一方面，校长要尽量让老师们都能参加到不同的专业组织里去。但是参加的组织尽量不要重复。一个人承担过多工作，就会分身乏术，影响项目效果。另一方面，优秀的、比较全面的老师，可以同时参与两到三个项目，但几个项目之间必须有关联，甚至所要开展的工作可以整合推进。

中层干部要积极加入到专业组织中去。中层干部很多是优秀教师出身。一直以来，在科层制管理结构中，他们常常面临一个职业发展的困境：是继续做管理者，还是回去做一个好老师？当学校变革发生时，大量的专业组织出现了。变革型校长往往会鼓励中层干部加入专业组织，成为其中的一员或负责人。中层干部懂得学校的管理程序，能够有效为专业组织提供行政支持，又能够将专业组织的问题带回层级管理系统中，反思和改进管理。这样做不仅会推动科层管理结构服务一线教师功能的实现，也会让中层干部本人不再焦虑于未来职业的选择，能够在专业和管理两个岗位间行走，实现专业能力和管理能力的整合与提升。这种提升的结果就会为他们今后承担本校、区域其他学校领导者的工作奠定基础。变革型学校发展到一定时期能向外输送干部，正是组织结构变革的结果。

建立专业组织的运行和激励制度。在项目开展过程中，一位校长对此有着自己的看法："组织结构永远是为变革服务的。传统的学校部门设置不能变，因为那是行政安排，但是学校的业务不能都靠行政安排推进。我们最初成立的是工作坊，是以教研组为单位的，后来变成了主题化的工作室。学校或者学科建设需要开展专门的研究。比如语文学科要研究整本书阅读，就成立一个跨年级工作室。工作室主持人不是谁想干就能干，还得具备一定的能力，至少是市区的学科带头人，否则就带不动。主持人要招募成员，大家自愿报名，双向选择。这是特别严肃的事情。第一，要有预期目标，成立一个组织就要出一个成果。第二，学校要给主持人做好资源支持，比如主持人说有哪个地区或学校做得好，要去观摩学习，我们就帮他联系，还优先给工作室成员提供外出培训的机会，优先满足培训经费，因为这是给学校"闯关"的。第三，在评优评职称等方面给予倾斜。你为学校出了成果，带出了这么多人，那评价上肯定占优势。就这样，很多人都在工作室体会到了成就感。"

还有一位校长是这样做的："因为这些小团队是为学校'攻关'的，因此，这些成员都有基本课时费，有重大活动的单独奖励，以及学期末的成果奖等。在学年奖中也会体现对他们的激励。"

网络状组织让学生成为变革的贡献者。网络状组织有一个重要的运转特性，那就是问题导向和任务驱动，着力解决学校课程和教学等活动中的具体问题，与学生的学习任务紧密相连。有一所项目学校根据区里发布的课题，推进"中华优秀文化传统教育"活动。一开始，教师们都很踊跃，按照学科组成小团队，从自己学科的角度去讲述一些传统文化的内容，如传统节日、民俗习惯，并带领学生开展相应的活动。紧接着，校长提出，人马越来越壮大，各学科所开发的内容比较浅显，是不是考虑做一个学生社团，从学生的需要和自愿参与的角度来促进一下。于是，一些承担学科整合任务的教师专业组织开始出现，部分教师主动走出自己原来的学科，承担其他学科的任务，加深了对其他学科的理解。

这所学校专业组织的不同之处在于学生的加入。这些专业组织致力于挖掘学校所在区域特有的文化资源，如非遗项目，让从小受到这些文化浸染的学生具备了加入教师专业团队的资格。学生和教师一起成为专门课程和活动的开发者，他们的已有经验被教师尊重和接纳，成为全校学生学习的内容。通过这种方式，学生成为学校变革的积极参与者和行动者，而不只是接受变革成果的人，就会极大地激发他们的热情，这本身也构成了学生的一种学习方式，学校的变革生态更加完善了。

可见，学校的科层制管理体系与网络状组织能够实现很好的兼容，虽然在组织形态上表现为"一纵一横",但通过人和事的互联互通,二者可以建立有机连接。在校长及其管理团队的领导下,建立良好的协同机制,充分发挥"双元驱动"的功能,有助于取得良好的学校变革效果。

第六节
发挥成就价值

多年以来，华东师范大学的熊川武教授一直与地方合作推动"自然分材"教学改革。他提出的一个观点让我印象深刻。他说，要赢得项目委托方的信任和持续支持，就必须在项目的某个时期让对方看到中考或高考成绩的提高。我对他的这个观点非常认同，这确实是中小学变革的一个现实困境：如果不能在人们认可的时间内提高中、高考成绩，改革就很难进行下去了。

这还给我们另一个启示，那就是人们对学校变革也是有一个忍耐期限的，在一个变革周期内取得初步成就至关重要。科特认为，企业在变革过程中必须积累短期胜利。他说："大变革需要时间，有时甚至需要很长时间。执着的信徒不论发生何种改变，都会坚持到底。但是大多数人还是期望能够看到令人确信的证据显示所有的努力都没有白费。不相信变革的人对证据则有着更高的要求。他们想看到清楚的数据，显示变革正在发挥作用，而且这些变革没有在短期内占有太多的资源，没有对组织造成太大的威胁。"[34] 学校变革与企业变革非常相似，同样必须及时取得看得见的成就，提高人们对变革的信任度和坚持下去的信心。

校长要着力带领团队取得初步成就。一旦意识到初步成就的来临，就要充分发挥初步成就的价值，把初步成就所蕴含的说服力及时向全体教师宣告并予以庆祝，激发干部教师对变革的信心，提高他们对变革方向的理解度和变革行动的支持度，从而为自己赢得学校系统变革的时间和空间，让变革能够深入和持续。这是变革的一个重要原则。

一所学校的案例

看看下面一所小学项目学校的案例。这所学校的前身是农村学校，随着城市化进程的加快，现在已经属于城市学校了，但基础比较差。学校不大，教师人数不多，长期以来，他们在职称评审、荣誉获取等方面收获很少，整个教师队伍非常缺乏信心。校长认为，提振教师信心是实现学校变革的关键。因此，她分批挑选各科教师参与区域教研活动，与其他学校联合教研。随着部分教师的成长，校长推动他们去参加区里学科带头人的评选，并获得了成功，这是大家此前想都不敢想的事情。随后她推动这些教师在学校内开展课程整合工作，建立了多个网络状专业组织，研制了不少优秀整合课程案例，与其他学校合作编制了多个主题课程的学习材料，在区里的各项活动中取得了一定的影响力。

第二年年底，校长认为，将学校所取得的这些成就放到更大的平台上，对推进后续的变革具有重要意义。于是，这所学校在区里与其他改进项目校一起，举办了一个规模比较大的以课程整合为主题的会议。教师们基于过去一年的改革经历，精心准备了课例展示。学校的成果和教师们的表现大放异彩，得到了区里教育部门和众多学校的认可。经过适当的宣传之后，周边县市甚至外省的多所学校都来学校参观交流，学校教师也经常作为改革典型在区里的教学工作会上发言。

这一连串的动作极大提高了全校干部教师对变革的信心，更多的人开始主动去理解学校的各项工作，而这些是他们以前排斥或旁观的事情。学校教师虽然人数不多，但干劲充足，气氛活跃，一扫以前的低沉。教师们去参加外面的活动时，不再感觉矮人一截，他们的头昂起来了，会很骄傲地告诉别人自己来自哪所学校。

又过了一年，学校的变革效果得到了行政部门的认同和支持，教育局批了一笔资金，用于这所学校的整体校园改造和文化建设。校长马上将这件事情告诉教师们，并非常真诚地跟他们说：因为你们每个人的努力，学校更受重视了。教师们更为振奋。此后，学校的学生数量不断上升，原来转学的孩子也开始回流。

校长反思说："如果你只是埋头做，对教师使劲说我们先把自己做好，这是不行的，效果不会太明显。学校内部的变革需要得到外界的关注，要有成绩出来，产生吸引力，让别人关注你，反过来就会形成一种更大的力量，继续推动学校的内部变革。变革成果的传播是很重要的。"这句话非常中肯地表达了重视初步成就的价值。

初步成就是什么？

上面这个案例为我们展示了学校变革所取得初步成就的多样性，其中有教师心态的转化、教师的荣誉、整合课程的课例，以及成果传播的影响力等。结合其他诸多学校的案例，我们以教师、学生等主体分类，可以总结出若干初步成就的类型。

在学生发展上的体现。有一所高中学校，招生一直处于第二梯队，本区域内最好的生源 90% 进了另一所高中，这所高中在考试成绩等方面也处于劣势，区域行政领导、家长都形成了"这很正常"的观念。几年来，校长一直致力于学校理念、课程与教学的改革，促进教师自主行动。有一年高考，一名学生考了全区第一名。这让老师们振奋起来，也让那些形成既定观念的人们感到惊讶。校长说，这恰恰证明学校过去做的变革是对的，取得了能够让大家看见的成绩。

有些学校并没有清醒地意识到学校变革成果的出现，他们只是意识到学生的面貌变了，学生参加区域内的文艺或学科竞赛活动多了，获奖也多了，得到了教育行政部门、同行、家长的表扬，区域内的媒体也更加关注学校。这时校长和老师们开始认识到这正是学校变革的成就，这些成就赢得了外部各界的认可，累积了学校的良好声誉。这种声誉很快就集中表现出学校变革取得初步成就的特征，对学校继续推动变革起到了很好的反馈作用。

巨各庄中学是一所农村中学，他们在推动学校整体改进项目中，围绕学生发展进行了一系列改革，其成就体现了渐进性和累积性。在认识到学生基础差、传统课堂无效的情况下，校长提出将部分课程放到"玫瑰情园"的公园情境中进行。这一开始遭到了教师们的反对。校长说，以学生们目前的知识基础，靠教师在课堂上讲是没有用的，必须有所变化。教师们同意了。他们没想到的是，正是在那种生活场景中，连圆的基本知识都不会的学生，利用长绳，自己动手测量公园地面的大圆圈，按照教师的指导计算数据，寻找各个数据之间的关系，很快就理解了周长、直径、半径和圆周率等概念，继而能够计算圆的面积。这件事情大大激发了教师们的变革热情，原来课还可以这样上！一年以后，学校举办全区性的"课程嘉年华"活动，很多学生主动和老师一起开发15分钟、30分钟或60分钟的课程进行展示。这次活动极大地震撼了同行和家长。正是这一年，初三学生升入普通高中的比例为83%，升入示范高中的比例为62%。作为本区四类高中，本科升学率达84.3%。第三年，初二期末考试，数学平均分由原来的全区倒数第4名上升到第4名。这所学校随后也被评为市级课程改革先进单位。

唐晓勇校长基于他领导的南方科技大学第二实验学校的经验，认为随着变革初步成就的取得，选择到学校就读的孩子越来越多，学校招生的要求越来越高，尤其是周边大学老师们的孩子都愿意选择到自己的学校来读书，就说明他们对学校的理念和成果的认可，学校有了更大的影响力。

在教师发展上的体现。围绕学校变革需求，教师走出校门，在更大的平台上成长，获得赛课、教学成果的奖项，被评为学科带头人或名师工作室的主持人，在重要的论坛或会议上作为发言嘉宾，等等，都是获得初步成就的体现。教师们能够以专业姿态站在同行面前，就是这些初步成就带来的结果。

在校长发展上的体现。变革型校长因为带领学校取得显著的成效而备受瞩目。他们获得了更多的在更高平台上分享办学经验的机会，也会获得"特级校长"这样的荣誉称号，这是对他们办学业绩的认可。有一些校长会低调地选择放弃某些机会，让表现优异的干部和教师出场。不论如何，校长在职业发展上的机会或者荣誉，都应当视为变革的初步成就，在校内外进行宣传，并逐步融入变革文化。

在学校发展上的体现。学生、教师、校长的初步成就都是学校变革成就的一部分。学校层面还有一些不一样的、更综合性的成就，如获得不同层级权威机构的"课程改革成果奖""教学改革成果奖"等。同样，如果因为学校显著的办学特色、学生能力特长等而获得大学或重要科研机构的认同，成为他们的合作基地或生源基地，也是很重要的成就。有些学校特别重视把学生、教师的作品，以及学校某一项有推广价值的改革成果进行公开出版，实现更广泛的传播，同样会带来很好的效果。

因此，学校取得的初步成就往往是由一系列事件组成，有的是考试成绩，有的是学生、教师、校长和学校的收获，有的大，有的小，有的能看得见，有的能感受到。这些成就会给人"学校在往上走"的感觉。

初步成就的基本特征

变革型学校取得的初步成就，大致应该具备以下几个特点。

第一，符合学校变革的方向。它符合学校的办学理念，校长能够清晰地解释所取得的初步成就与培养目标、核心价值观及其他文化理念符号之间的关系，大多数教师能够高度理解并积极参与行动，旁观的教师不再排斥，心态上发生了明显的变化，甚至开始自主行动。家长们也开始不断"打听"学校的事情，表现出对学校变革行动的关注和支持，教育水平高的家长愿意将变革成就与文化理念关联起来思考孩子的发展。最后，这些改变能够汇聚，表现出"愿景驱动的学校变革"的总体特征。

第二，是学校系列变革行动的成果。毫无疑问，学校所采取的系列变革行动，如文化理念建设、用文化理念指引课程和教学改革行动，以及组织结构的变革，是学校取得初步成就的前提。

第三，具有明显的可见性。对于正处在变革初期的学校来说，初步成就应当表现出"可以看得见"的特征。如成绩及相关数据、荣誉称号、出场机会、出版物、奖状等"证据"，甚至教师们心态的改变也是可见的，总体带来了学校的向上氛围，以往纠结于小利益的情况不见了，教师们互相合作、讨论的场景更多了，进入这所学校，就能感受到这种氛围，这就是变革文化的特性。

第四，有相对确定的时间周期。我请教熊川武教授，在"自然分材"教学改革模式下，需要多长时间才能让大家看到高考成绩的提高。他回答说两年。但他同时强调，如果学校严格按照他的要求进行，可能一年就能够见效。

成绩的提升是一个硬指标，这太需要改革者的专业自信和领导力了。那么其他类型的初步成就是不是可以在更短周期内取得呢？几位变革型校长的回复是：

"一年吧。"

"大半年差不多一年的时间，如果老师赛课获奖也算的话。"

"一年，因为区域评价学生学业水平的周期是一年。"

"要一年的时间。像我们这种学校，基础比较薄弱，让教师们信心激发出来，需要花很多的功夫，做很多的工作，要一步一步推。"

我所询问的基本上都是带领薄弱学校变革成功的校长，他们的答复源于他们的变革经验。但是会有很多变量影响这个周期，如学校原来的基础、教师状态的调整情况，甚至包括政府的政策等。但"一年"大致可以作为学校变革取得初步成就所需要的时间，这也是反对变革的人所能忍受的时间。两年就意味着不只是初步成就，而是要取得更高的、能够表达变革成功的成就。

发挥初步成就的作用

以整体性思维看待初步成就。多年以前，在一次共创工作坊的活动中，参加的人有校长、媒体朋友和教研员等。他们四个人一组进行角色扮演，分别饰演家长、校长、老师和媒体。那位媒体朋友本色出演，他和该组的教研员、校长一起模拟了一个场景：一所学校正举办运动会。媒体朋友扛着摄像机去采访校长。校长对着镜头说，没什么，就是一次运动会而已。

然后我们一起分析这个场景。媒体朋友说，媒体有自己的工作定位和价值定位，很期望校长介绍运动会的意义。比方说，校长可以说说运动会的设计理念、与学校办学理念的关系、对学生产生的激励作用等，目的是建立社会对这所学校更加正面的认知。

这段分析给了我很大的启发，并在另外一位项目学校校长那里得到了验证。她说："当副校长给我提交了开学典礼的方案，我马上就会追问，开学典礼的主题是什么？这个主题是不是契合这个学期的目标？再整体看一下，每个月的活动主题是否已经确定了？各个主题是否能够与目标契合？这一连串追问，让相关的干部和教师建立起了从树木到森林的认知方式，有效地将学校的文化理念、年度目标及目标分解、活动设计等联结起来。我们不能见子打子，必须往根源上追溯，最后就有可能追溯到体制和机制建设的问题。"这里体现的就是一种整体性思维。这种思维方式非常重要，有利于学校将所取得初步成就的价值最大化。

让初步成就的价值最大化。汪红震校长在和干部教师磨合的过程中，发现学校已经提炼的文化理念体系和制定的发展规划对大家并没有产生什么影响。对此她耐心等待。后来她抓住落实"双减"政策的机会，带领大家反思并改进学校常规工作。在外部政策即将大变动的背景下，教师和干部都认识到学校面临的压力，从而形成了特别有凝聚力的工作氛围。学校在年底得了区里的一等奖之后，汪校长及时与大家分享变革成果，对所有人进行了表扬。她随后将这个表扬活动往上推了一层：

校长：你们有什么感受吗？

老师一：能感到学校工作的思路对了。

老师二：方法也对了。

老师三：校长，那你还老批评我们。

校长：我们初战告捷，谢谢老师们的付出。大家有没有感觉到，我们现在特别团结？

老师：还真是啊，跟以前真不一样。

校长：我们学校文化理念里提了一个核心价值观——"和谐共振"，大家记得吗？

老师：记得。

校长：经过前一段时间的奋斗，我们都能有"和谐共振"的感觉了，你们看，这就是文化的力量。我们要明白，现在的成绩虽然谈不上很大，但令人鼓舞的是，我们的方向对了，这个方向也是文化理念里提出的目标。今后，我们要边干活，边结合学校文化理念，保证工作不断推进。

在取得初步成就后，给团队以表扬，这是改革的题中应有之义。激励之后，还能分析学校的处境，将学校文化理念与初步成就结合起来，强调方向感和文化的力量，最大程度地实现初步成就价值的最大化。这就是变革型校长的特质。

借助外力发挥初步成就的价值。一位校长分享说，在变革的道路上取得教职工认可的成绩以后，他组织了一次有大学和教科院专家参与的学校改革研讨会。会上，学校的变革得到了专家们比较一致的认可，校长也借此机会与全体教师分享感受，认为只要朝着既定的变革方向走，学校一定会发展得更好。

还有一位校长专门邀请市里的专家来作讲座，校长向专家介绍了学校课程改革的情况，专家在讲座中表扬教师们的努力，并认为学校进行的实践类和融合性的课程改革在全市都是领先的。这位校长马上抓住机会，对老师们说："你们看，市里的专家都认为我们做得不错，在全市都是令人瞩目的，虽然我们是农村学校，照样可以领先，我们的老师一点都不比城里的差，我们能走在前面。"校长说："学校基础薄弱，老师们太需要被认可了，这种心理比其他学校的老师要强得多，因此专家的表扬一定要转化为激励教师的契机。"

一所农村初中与我们项目组一起经过三年的整体改进之后，获得了市里的奖项。校长回顾这一历程，激动地说："一所小小的农村中学，能够评上市里的课程建设先进单位，还被收入改革成果集里，这是很了不起的，至少表明学校有可以展示的东西，不说别的，孩子们脸上是不是比三年前干净多了？当年可是灰头土脸的，现在他们脸上那种自信的笑容，一点都不比区里直属学校的孩子差。说实在的，这是我们当初没有想到的成就。"

来自外部的肯定，传达的是对学校变革成就的认同，能够有效激发教师尤其是薄弱学校里的教师们沉寂已久的内在职业尊严，鼓励他们积极行动，自觉践行学校文化理念的要求，投身于持续变革行动中。他们的行动又会反过来促进学校文化理念转变为每个人内在的价值追求。

不要忽视哪怕微不足道的挫折感

学校变革是一个长期的过程。只要方向没错，能够尊重教育规律和办学规律，那么总体上应该是"从胜利走向胜利"的过程，但却不会总是一帆风顺。变革型校长需要认识和处理变革过程中的挫折。对校长来说，这是一个考验领导力的问题。值得我们讨论的有两个方面。

校长将对微小挫折的管理纳入日常工作中。学校在变革中会遇到各种挫折，比如某些干部教师阻碍变革，教师取得一些成绩后产生自满情绪，还有家长不理解变革并提出反对意见等。有些挫折虽然微不足道，但弥散开来，像石头落水的波纹，很容易扩散并造成更大的负面影响。

刚准备进入变革行动但还保持着试探姿势的教师群体，很容易产生动摇情绪，产生认识上的偏差，成为更大的变革障碍。因此，校长要敏锐地捕捉教师个人、专业组织等方面出现的问题，以及他们所表现出的情绪信息，及时出现在工作现场进行化解。

判断这种挫折的性质。在项目推进过程中，一位校长观察到，整合课程的项目小组没有获得预期的结果，大家产生了悲观情绪，在教师办公室里出现负面议论。他及时召集大家讨论：问题在哪里？这个问题是方向性的还是方法性的？经过讨论以后，大家确认，这是方法问题，方向没有错。尽管校长对此问题的性质早有判断，但他一定要大家讨论出来，而不是让自己做一个"讲解员"。只有通过讨论，才能让教师们达成真正理解。这个过程也培养了教师们思考问题的方法，是引领教师获得变革领导力的过程。

一所示范性高中的校长经过多方调研之后，确定了推进小组合作学习、实行导师制的课堂改革。家长们不理解，认为改革会影响孩子的高考成绩。于是，他们聚集起来到学校讨要说法。这是尚未改革就遇到的挫折。但是校长认为，即将推行的变革，是要实现对学生的解放，激发每一个学生的自主性和主动性，这样才能更有利于学生的发展，取得好的考试成绩就是自然而然的事情。后来，多级教育行政部门与校长班子一起开会，认为校长的改革方向没有问题。在他们的支持和协调下，学校与坚决反对变革的家长达成一致意见，将他们的孩子转学到其他的示范性高中。这让学校的变革得以继续推进。一年后的高考结果表明，学生的成绩不降反升。借助当年高考的成功，学校后续推进的多项变革行动再也没有遭到家长的反对。

就学校变革的社会环境而言，这种挫折是意料之中的。但校长坚持了一个规律，那就是解放学生，激发学生学习的内驱力，这一定有利于实现变革预期。因此这非常考验校长是否真正理解教育，是否按照学生的成长规律来设计变革方案。这是评估挫折性质的最基本的维度。

巴顿将军知道如何激励士兵去英勇作战，更懂得关心士兵的福利和粮食，关心士兵是否患有疾病或精神紧张，确保士兵的鞋袜合脚。他知道，只关心战役全局不足以决定胜负，而士兵的靴子往往会对全局产生致命影响。同理，校长也不能放过任何蚁穴式的微小挫折，要及时带领团队共同研讨问题的解决方案，关心教师情绪，把变革拉回正轨。

再次审视学校变革的环境

前面说过，在当下的环境下，完全不考虑考试成绩的学校变革大概率会以失败告终。多年以来，很多学校变革探索者都建立起一些相似的改革观念，如应试能力本身就是学生素质的一部分；体验性学习不会耽误学生的时间，反而能提高学生的能力；等等。我们回顾一下，这些已有的探索总体上都是采用小步走的策略，根据情况决定小步快跑还是慢跑。

唐晓勇校长表示，建校伊始，他就带领南科大第二实验学校的老师们开始进行当时比较前沿的学科统整改革。学生学习方式与传统有很大不同，部分家长就不满意了，认为学校"活动太多""不务正业"，觉得自己当年就是这么考试过来的，怎么现在就变了呢？唐校长意识到，学校变革必须赢得家长的认同，因此，学校变革坚持了一个核心原则，就是不进行颠覆式的改革，而是坚持持续性、迭代性的"微创新"，积量变为质变。学校选择"评价"作为切入口，引领教师进入跨学科教学领域。在保持书面评价方式让家长放心的同时，推动探索"开放性"的评价，如语文，要求学生朗诵，抽题目作演讲，然后去写作，英语倡导更多的对话交流和语言应用，数学学科也开始让学生动手操作。这个过程没有造成家长的"痛感"，家长看到学生的成绩更好了，更活跃了，学校也获得了发展，便渐渐接受并成为学校改革的支持者。

从这个案例中，我们可以看到，学校继续推动变革必须重新审视各种因素，保持对变革环境的高度警觉。

首先是家长的认识水平。校长、教师跟家长交流的，主要是孩子的成长情况。但校长应建立一个观念，与家长交流，必须随时向他们传递学校的文化追求，包括学校对儿童的认识，对教育的理解，对学生的成长期待，以及教师们的努力方向等。不同的家长对上述内容的理解不同，如何设身处地、用家长能够理解的语言进行沟通，让家长的认识贴近学校的文化，是变革型学校需要研究的课题。

教师团队对变革的认识水平和能力准备。这是影响变革的另外一个因素。以课程整合或跨学科教学为例，在起步阶段，教师对这些新概念还缺乏足够的理解，更不知道如何操作。校长作为课程领导者，要采取各种培训措施，努力缩小这一工作要求与教师课程能力之间的差距。他要站在更高的位置上，对教师进行引领。有校长说，这个过程中，一定不要强求教师们能够深度理解采取这些步骤的意义，而是要求教师们首先能够照着做。只要做起来了，理解就会随之发生。

课堂改革也是如此。传统的讲授方式一般是先讲清楚公式和定理，再让学生去解题。然而，如果要先跟教师讲清变革的理念，估计比讲清楚公式更难。因此，变革型校长需要反过来做，让教师先去解题，先行动起来，边做边思考背后的"公式"与"原理"。变革理念不是灌输的，而是在变革行动中达成"具身性"的理解与融合，教师们可以在实际行动中更深刻地体会到一项变革是如何发生的。在不断"做"的过程中，越来越多的教师表现出更高的理解水平，开始从"意义"上重新理解课程整合行动。这为深入变革铺垫了基础。

改变中层干部的认知短板和能力短板。中层干部对学校变革行动意义重大。虽然中层干部大多很优秀，但是他们很容易基于本位思考，习惯从自己那一块工作思考问题。但学校所做的课程整合等变革项目，需要强大的横向连接能力，以实现多部门的协作。业已形成经验理解框架的中层干部，往往表现得更加固执，不容易撼动。保持开放心态的干部，在变革行动中会有不一样的表现。因此要通过变革中的示范效应，让那些被困在已有经验中的干部们形成新鲜的经验，提高宏观把握能力和横向连接能力，成为有效支持变革行动的力量。

充分利用教育信息化技术支持学校变革。影响当代教育变革最显著的一个因素，就是教育信息化技术的应用。它不只改变了学校的变革环境，它就是学校变革的一部分，甚至会塑造学校教育的新生态。熊猫路小学在取得初步变革成就以后，立刻申请了教育信息化项目，发挥年轻教师多的优势，探索技术支持下的学科课程开发与教学。这个项目团队由年轻教师领衔，吸收教学骨干和技术骨干，彼此合作，让每一位教师能同时得到教学设计和技术设计两个团队的支持，深化了学校的课程教学变革。

变革型校长对教育信息化技术的应用始终保持热情，但也应认识到技术应该服务于人的发展，而不是反过来。唐晓勇校长在学校里推动"技术深度融入课程实践"项目，构建能培养学生未来关键能力的课程。例如，在学校的以 STEM+ 为特质的"根与芽"统整项目课程学习中，学生通过思维导图、视频、可视化 App 等技术支架进行探究式学习，实现了语文、数学、科学、美术、英语等学科的有效融合，阅读、识字、写作、演说及实践探索等综合能力得到了协同发展。

学校发展的现实问题是，如果校长一个人跑得很远，教师们没有跟上，家长也不认同，那这种变革就不可能成功。变革最终能够发生，往往是学校与所处环境中的各种因素不断互动、互相建构的结果。变革型校长鼓励这种互动，并从这种频繁互动中观察和把握变革环境，提高协调水平，从而找到最佳路径。

第七节
促进变革持续

变革的脆弱性

学校变革是一个持续的、长期的过程,不能一蹴而就。地方教育行政负责人调动及政策调整让学校变革终止的现象时有发生,家长的反对更是一个常见的阻碍因素。但是,这些外部因素最终考验的是学校内部的变革共识,特别是校长对变革理解的深刻度、对变革信念的坚定度、对变革方向的认同度,以及变革目标的清晰度,还有校长向整个团队解释和传导变革的能力。

多年前,有一所高中学校开始推动小组合作学习,但是实施不久就回到传统课堂方式了。校长说他没有办法,因为家长反对,理由是这么大的男孩女孩坐在一块儿容易谈恋爱。小组合作作为一种学习方式,对学校变革显然有着重要价值,但校长能否坚持行动却更加关键。在当前的社会环境下,校长很难承受家长的强大压力,迎合家长是比较现实的策略。但是我们同时要认识到,迎合是变革的敌人。

教育是一种专业活动。家长们对学校工作的很多要求,不能一概视为学校专业决策的依据。家长对教育的认知水平、利益诉求,与学校运行的专业性之间存在着多方面的差异,校长如果想把这些差异都统一到学校期待的变革方向上来,几乎是不可能的。

有的学校在取得变革的初步成就后,很多赞扬突然而至。此时,校长和教师团队都很容易进入一个新的舒适区。经过一段艰难的行动之后，这个舒适区看起来十分吸引人，让人很难从当前的状况中跳出来思考下一步的行动。变革的动力一旦失去，重启就会更耗力气。

来自学校内部的某些因素会延宕变革。当参与变革行动的人们还没有看到回报的时候，就可能会转变为阻力。有些干部或教师在变革过程中可能会被调整岗位，丧失原来的地位优势或利益，他们就可能成为反对变革的人。如果采取过于强烈的措施"压"着教师进入变革，就会激发人们的负面情绪，让正往改革区试探的人退回去。

迎合也罢，失去方向或内部存在阻碍因素也罢，都表明学校变革具有一个关键特征：脆弱性。基于这一特征，妥善采取行动策略就很重要。前面说过，小步、微创新、一点一点改变，是可行的，有利于提高变革的坚韧程度。但这还不够，变革型校长需要建立积极的变革理性，主动规划战略性安排，分析影响变革的因素，逐步推进，并让所有教师知道方向，看清前面的路，更加勇敢地前进。

树立学校变革的整体观

学校变革不是单兵突破的改革，而是全方位的、持续性和复杂性的变革。校长要跳出个人视角，转向变革领导者的视角，思考变革的整体图景。变革领导者的视角需要一种整体观，了解系统变革所要涉及的不同部分及其内在关联，并把握变革行动的次序。变革领导者需要学会换位思考，从他人角度看问题。校长必须去理解班子成员、中层干部和教师群体对变革的看法，分析他们产生这种看法的原因，帮助他们去理解、适应和调整，进而形成合力。

结构性比起步点更重要。学校整体的运行结构包括课程、教学、评价、纪律和空间。在这一运行结构中，学校文化理念、课程与教学、教师变革意愿与能力、组织结构与运转体系，以及学校空间等几个部分，共同组成了学校变革的基本结构（见下页图3.5）。

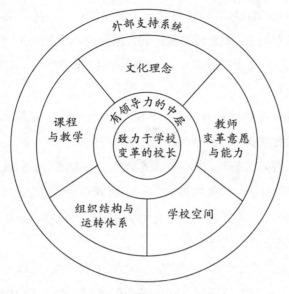

图 3.5 学校变革的内部基本结构

用图 3.5 来呈现学校变革的各个组成部分，有利于校长看清学校不同部分的相互关系和变革逻辑，更好地进行布局谋篇。这些年来，很多成功实施了变革的校长们在回顾这些历程时，再次认识到这一基本结构的存在。多位校长在被调到其他学校后，能够以学校变革的内部基本结构为基础，思考当前学校的现状，勾画未来变革的蓝图。他们的变革领导力水平更高了，变成了成熟的变革者。

"结构性比起步点更重要"，可以说是变革的一个定律。其内涵是，一方面，在宏观层面，不论优质学校还是薄弱学校都处在同一个起步点上。因此，能否推动变革不是看学校是否薄弱，而是看变革的观念以及行动的决心。另一方面，一所学校的变革从一开始就必须着眼于整体结构，而不是某一点。愿景驱动的学校变革绝不是单兵突破的改革，而是需要从整体看问题及其关联性，从而系统构建行动的步骤与策略。

成长性比绝对值更重要。成长性首先指向单位时间内的成就。这个成就具有动态的、节点性的特征，不仅是过往业绩的表现，还要为下一步行动提供基础。如果只关注其作为过往业绩的特征，那就意味着，这个业绩是一个"绝对值",它只是一个数字而已,不能表达出行动的意义和价值。我借这个概念想要表达的,就是变革型校长不能只看已经取得的成就,目光要面向未来,让变革行动保持持续性。这就是"成长性"的要求。

"成长性"能够让校长和教师们看清更加长远的变革。基于"成长性",变革型学校就不会停留于一城一池的得失,不会拘泥于学生某一阶段成绩的进退,而是以核心素养的培育、关键能力的达成和社会责任感的培养等作为学生成长的追求。这一追求没有止境。"成长性"正是学校教育及校长、教师的职业意义所在。我们可以将"成长性比绝对值重要"作为变革的第二个定律。

根据这一定律,学校在制定未来规划的过程中,可以更好地确立规定时间内要达成的变革目标,规划任务和行动,做好资源建设工作。特别需要提出的一点建议是,校长可以将自己在这所学校的任职时间作为变革周期来考虑,结合学校所涵盖学段学生的成长规律,设计具有"成长性"的变革推进时间表,实现变革理想、专业追求与学生成长的内洽。

以渐进性破解复杂性。基于图 3.5 呈现出的五大变革板块,变革型领导可以清晰地认识到,看清整体,是为了分步推进,某一板块上的某一步行动,可能就是撬动其他板块的机会。

在学校变革项目实践中,我们能够理解这种"渐进性"的真实存在:当学校从一个旧的状态向新的状态转轨的时候,文化理念必须重新调整。文化理念通过明确学校变革的共识和价值规范引导教师前进的方向。"培养目标"是其中的核心,决定着学校课程、教学和评价的基本要求和路径。很多学校基于培养目标制定"课程图谱",让学校课程处在有序、互相连接的状态,也让教师们形成对课程的整体理解,明白自己在课程中的位置以及与其他教师之间的关系。课程改革要求教师积极研发课例,协同前进,此时传统课堂的组织方式和教学方式不适应了,改革课堂就必须纳入时间表。

这对教师们来说，是此前没有过的经历，他们既有的观念、能力和教学方式就会遭到挑战，传统的教研组、学科组、年级组等是否能够有效支持教师的转型，能否适应课程教学变革的需要，学校的科层制组织结构及其功能是否需要调整等问题随即而来。课堂教学的方式变化了，学习空间不能再局限于传统教室，学习随时随地发生，学校空间成为教育重构的一部分。引入社区资源等有效服务于课程和教学改革，也成为学校变革需求的内容。

以线性的方式描述学校变革的次序，目的是让学校变革的复杂性更加直观，让我们更好地看清各板块之间的联系。变革型校长把所有的变革板块和大的事项转化为战略地图，置于大脑中或者桌面上，与学校的真实图景形成对照，并根据现实情况调整次序，修正预设。校长们可以把不断出现的问题放到这个战略地图上，进行对照，以看清不同问题的来龙去脉，判断哪个是牵一发而动全身的问题，从而确定不同改革项目的紧迫程度。

"渐进性"能够让校长更加从容，既能看清全局，理解学校整体改进的要素、结构、顺序，又能安排推进的时间与项目次序，从而有效驾驭变革，不至于因为牵涉面大而手忙脚乱。全局观能够使校长在变革过程中看清事项细节和具体问题对整个变革的意义，更好地利用和激发某个相关事件，主动触发变革，从容组织资源，保障变革的秩序。另外，"规划性的行动"和"问题导向的行动"相结合，可以增强变革的节奏感。

学校变革的主题更迭

基于变革整体观，学校可以在不同的变革周期内，以不同的主题带动变革的深入推进。变革主题需要既服从于整体变革战略，又回应变革进程中当下最迫切需要解决的问题。确立变革主题是校长们通常采用的方式。

以课题为变革主题。学校建立了比较好的变革基础和区位优势后，教师们参与变革的能力和意愿也达到了较高水准，此时，课题是比较好的确定变革主题的方式。北京小学大兴翡翠城分校张文凤校长在学校十年变革行动中，每三年申请一个市级课题，全校干部教师按照自己所在部门的岗位性质，结合自己在专业团队中的研究活动，确定子课题。每一个子课题都必须和总课题建立关联，围绕总课题的大方向推进，形成对总课题的支撑。这个市级课题的主题是根据学校变革的状况、影响学校变革的战略性问题，以及学校的发展规划来确定的。张校长认为，每三年完成一个课题，相当于利用三年的时间，集中精力干完学校的一件大事。这样容易出成果并以多种方式外显出来，形成学校的亮点，成就学校品牌。

这种方式的特征是，总课题与学校变革主题高度吻合，通过把课题研究与学校中的现实问题相结合，使得不同岗位中的问题成为研究对象并与总课题形成呼应，建立实践与理论的互动。这是一个富有活力的生态系统，教师们全员参与，每一个人都知道自己很重要，并在课题研究中发展自己，提高教学和科研水平，找到自己的专业自尊和自信。同时，教师们的课题研究成果随时应用到教学改进中，为学生学业成绩和综合素质带来改变，提高了社会对学校的认同度和学校品牌的影响力。

以学校的紧迫性任务确立主题。针对学校比较薄弱的状况，课题带动的方式可能效果有限，校长需要思考学校的困境，形成对困境的具身理解。官道中心小学的汪红震校长认为，学校当下同时面对保底性问题和发展性问题。为此，她将"紧抓常规、完善制度"作为启动变革的第一个主题，带领干部教师开展听课、访谈、研讨，先制定备课、教学、作业等的规范，继而抓规范的具体落实，把保底性问题做扎实。在取得初步成就之后，她马上把发展性问题摆到桌面上，提出了学校未来几年要达成的目标，如学生学业水平在区里的进步幅度、学校要体现出的个性特征与品牌形象等，开始引领团队对组织结构、决策机制进行改良。她借助党组织领导的校长负责制的实施，打破中心校与几所完小之间的隔阂，让彼此变得更加开放和关联，让不同的人和不同岗位之间建立密切的合作，形成专业组织和专业连接。她还通过发挥初步成就的价值，让大家理解文化的力量，推进更深刻的以文化引领的变革行动，形成文化自觉。

根据行动的难易程度确定主题。在学校改革理念纷纭复杂的情况下，校长与其带领大家先攻克理念的理解难关，还不如选择一个相对容易、教师能接受的方向确定变革主题。大峪中学的曹校长在变革之初提出"走出课堂半步"，让教师们将课堂搬到社会和山区的自然情境中。那时，全国各地很多学校在进行课堂改革，这个主题相对容易被接受。这种做法为三年后提出"走出课程半步"的新变革主题奠定了基础。学校以地域特有资源"黄芪"为主题，推动不同学科教师合作，带领学生走进自然，开展跨学科学习。教学内容与生活情境的结合，能够改变教师对所教科目、单元和知识点的认识，更好地形成课程主题化的观念。有了课堂改革为基础，教师们不再胆怯于新的主题，课程改革变得顺理成章。

总之，变革主题的确立可以让校长关注到学校的发展阶段、教师的观念和能力准备状况，以及资源的支持情况等，实现学校变革的逐步推进和突破。变革主题的形成，既是愿景驱动的结果，又以问题导向为参照，体现了校长把握和驾驭每一个发展阶段学校核心问题的能力。

深入变革需要对关键要素进行研判

取得初步成效后，学校是否为深入变革作好了准备？分析哪些要素，才能更好地解答这一问题？这需要校长及其团队作出研判。我们认为，与制度、组织结构和资源等要素相比，教师是最为关键的要素。把握好这个要素，就能更好地推进其他要素的改变。

教师对变革的关注状态。研究变革领导力的学者刘澜认为"成功的变革往往会经历否认、抗拒、探索和接受四个阶段"，并把不同阶段参与者的心理障碍及克服障碍后的感受做了一个分析框架。[35] 我们在做学校改进项目的过程中,对教师的状态进行了细致观察,并认识到,教师状态是一个不断变化的过程。在不同阶段,他们对变革的理解不一样,行为表现也不一样。据此,我们把教师理解变革的过程大致分为七个阶段(见表3.10)。

表3.10 教师理解变革的不同阶段

阶段	理解的定位	理解的内容与特征
低度关注	知觉	我不关心变革。 我对变革很少关注,更谈不上实施变革。
自我关注	信息	我想多了解变革,有兴趣了解变革的基本情况。 我希望更多了解变革的有关信息,如一般特征、影响、使用要求等,但我还没有理解变革与自己之间的关系。
自我关注	个人	我还没有感受到变革对自己有什么要求、产生什么影响,不能理解自己是否能应付这些要求及在变革过程中所扮演的角色。 我为此开始分析自己在组织中的角色,并开始思考:如果必须参与变革,会与自己的现状产生什么冲突,自己要作出什么调整。
任务关注	管理	我得花全部时间去准备变革材料,理解变革方案的过程和任务,以及适用信息和资源的最佳方法。 基于上述要求,我开始思考如何最大限度地利用信息和资源,极力关注有关效率、组织、管理、时间调整及教学安排等问题。
影响关注	后果	我必须思考所实施的变革行动对学习者有何影响。 我会集中观察和思考所采取的变革行动对学生的近期影响,如对学生的适切性、评价学习成果(包括表现和能力)以及改善学习成果所需的进一步变革等。
影响关注	合作	我基于自己的变革经验,思考如何与他人合作。 我关注如何与他人协调和合作,重新理解自己所实施的变革方案的设计等。
影响关注	再度关注	我有更好的想法可以完善变革方案与行动策略。 我致力于探讨变革方案的优点,以及由另一方案取代的可能性,对新的替代性方案有了明确的思路。

同教师会处在不同的阶段。基于上表对不同阶段的描述，我们通过调查问卷可以了解变革型学校中教师群体对变革的态度和所处状态。根据对多所学校的调查，可以大致归纳为：在学校取得初步变革成就以后，50%以上的教师会产生强烈的变革意愿，另有接近30%的教师在积极实施变革行动，并能形成对其他教师的带动作用。一些原来处于变革边缘的教师、年纪大的教师、一度失去职业内驱力的教师、处在倦怠期的教师，开始逐步卷入变革。旁观者减少了，从心动到行动的教师开始多了。变革型校长也能感受到教师参与变革的氛围逐渐浓厚起来。

教师参与变革的行动层次。基于教师群体对变革的关注状态的描述，我们可以进一步调查分析教师个体在变革中的行动特征。以课程改革为例，我们可以通过"参与变革的行动层次"框架（见表3.11）和问卷来判断教师对变革的执行程度。

表3.11 教师参与变革的行动层次

参与水平	层次		表现	特征
未参与	未行动		没兴趣、没采取行动。对于课程改革缺乏了解或了解甚少。未涉入课程改革工作，也未准备涉入。	非参与者，对变革缺乏了解或知之甚少，没有参加变革，也不准备参加。
未参与	已确定方向		开始有动机去学习更多有关课程改革的内容。	非参与者，已经获取或正在获取变革的资料，而且已经在探讨变革的价值取向及其对自身的要求。
已参与	准备		有确定的计划去使用改革方案。正为第一次使用改革的课程而准备。	参与者，正在着手准备实施第一次变革行动。
已参与	行动	a. 模仿	对改革方案做了较好的设计，开始使用方案，但使用过程中的变化很少，很少思考如何调整行动模式。	很少考虑对变革进行任何修正，只是将变革方案常规化、稳定化。
已参与	行动	b. 深化	能够熟练实施改革方案，正为改善方案而努力，期望更好的变革效果。	不断调整变革的实施策略，以期在短期内扩大对当事人的影响。

续表

参与水平	层次	表现	特征
已参与	整合	深思熟虑，与他人协调合作以运用改革方案。结合自己和同事的改革方案，在共同的方向和主题领域内给予学生整体影响。	深度参与者，把自己实施变革的努力和同事的相关活动结合，争取对学生产生一种整体的影响。
	更新	重新评估所使用的方案，检视相关领域内的新成果，寻求更有效的变通方案。	深度参与者，评价变革的品质，寻找变通或更好的变革方案，增进对学生的影响，探索整个系统变革的新目标。

根据调查结果，我们可以分析教师对各项变革措施的执行状态和与原定目标的匹配度，从而判断教师对变革的认识，分析他们是"主动行动者"还是"被动行动者"。

专业组织中教师的关系结构。当学校的网络状组织达到一定数量，例如50%以上的教师参与到各专业组织中，且都被真正激励的时候，教师的专业反思和专业自主就会表现出较高的水平，他们在专业组织中表现出的行动自觉程度也会更高。他们会根据自己在教学中发现的问题，主动发起研究，与同伴协作，形成专业导向的教师关系。

当不同学科教师围绕特定主题，共同开发一个主题课程时，教师以自己所教学科为基础，与其他学科老师合作，将本学科与该主题相关的知识内容提炼出来，就可以实现不同学科知识内容、活动方式、学习目标的高位建构（见下页图3.6）。例如，广州朝天小学孔虹校长做的"西关大屋课程"，就将不同学科教师组织起来，按照"西关大屋"主题，研究其地理环境、房间大小、房屋结构及社会背景等，各学科知识服务于解决预设的问题，学科边界被忽略了，不同学科的教师也连接起来了，跳出学科本位的立场，更开阔地看待学生的学习。

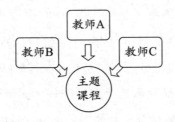

图 3.6　服务于主题课程开发与实施的跨学科教师关系

有些变革型校长认为，推动课程整合过程中，要将教师作为学校的教师，而不是学校某一学科的教师（见图 3.7）。这种对教师的学科身份的重新认识是一个了不起的观念更新，说明学校的变革进入了更深的层次，变革成果从初步成就进入了整体成就。

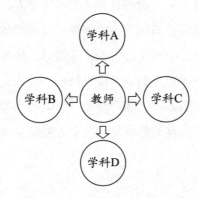

图 3.7　教师学科身份向学校身份的转变

教师身份的这种转变，与"全科教师"的内涵有相通之处，目前在小学阶段更容易得到认同。关于"全科教师"的理论研究、培养方式、教师职称评定方式的改革，以及对国家课程改革趋势的适应性等，都需要进一步的讨论，但这并不影响以教师作为关键要素来判断学校的变革状态。

对变革教师的激励措施落实情况。有些变革学校在推动教师卷入变革之后，没有及时建立有效的激励措施，或者有了激励措施但没有落实到位，这与校长对激励的承诺是否公开、资金或其他激励资源的到位程度等有关。

但是，校长表现变革领导力的一个关键行动就是践行对教师们的承诺。它不仅是物质奖励的问题，更是校长获得教师信赖并激发教师变革积极性的问题。这些是变革文化的一部分。变革型校长在推进行动之前，要清晰地了解资源状况，并努力去争取更多的资源，进行实在的、非"空头支票"的承诺。有些薄弱校在变革之始，校长难以组织有效的资源对激励进行承诺，也会坦诚地告诉教师实际情况，这比"空头支票"要好得多。要知道，对教师的真诚态度本来就是变革文化的重要组成部分。

激励要想有效，真正产生作用，需要校长不断审视激励措施与变革的状态是否匹配，是否会引起部分教师的不公平感。如果有的话，就要考虑进行修订，以确保这些问题不会侵蚀已经形成的变革基础。涉及教职工利益的制度建设，必须经过讨论，并通过学校教职工代表大会等程序，才能具有充分的民意基础。这种讨论和决策的程序，本身就是对更多教师参与变革行动的激励。教师参与了讨论和决策，就能增强对执行方向的理解力及执行偏差的包容度。这个过程也是帮助教师提升变革领导力的过程。

进一步激发教师的活力

把教师的状况作为变革深入和持续的主要因素进行研判，是因为变革终究要回到教师的行动上。如果教师不动，校长的想法就不可能落地。所以如何进一步激发教师的变革活力是一个特别重要的问题。

理解变革中的"**效益边际递减规律**"。其涵义是，随着学校及教师取得成就的增多，成就带来的喜悦感会相应下降。在变革初期，每一项成就都能带来百分百的喜悦。变革前，教师在职称和荣誉等方面的获得感越低，变革成就带来的喜悦感就越强。随着学校变革的持续推进，教师的荣誉会越来越多，当教师开始认为获得成就是理所当然的时候，新成就带来的喜悦感将逐步递减，最终会削弱教师的行动力。

这是影响变革持续性的关键。这一"边际递减规律"可以进一步延伸为"喜悦感越低，教师的动力越小"。尽管影响教师动力的变化与很多因素有关，如教师年龄的增长、个人生活观念的变化等，但从学校角度来看，这些因素是个体的，而教师的职业动力才是整体的。解决这一问题的主要途径是提高教师的职业成就和专业水平。

升级教师的发展目标。比方说，现在是区里的骨干教师了，那能不能成为省级骨干教师？现在实现的是教学水平的提高，那能不能进一步提高研究水平，成为专家型教师？变革型校长需要及时组织教师开展对自己职业的规划，帮助教师建立更高的职业预期，并将之作为一项制度固定下来。当下，很多学校招收了越来越多的高学历教师，把他们的高学历转化为高目标，就需要确立更加贴近他们的发展路径和激励方式。

另外，在很多实现成功变革的项目学校里，一些干部和教师成长起来了，他们的眼光、行动力等都有了明显的进步，具备了一定的领导力，并被区域教育行政部门看中，提拔到其他学校担任副校长、校长等，有的还被调动到其他行业部门担任领导职务。多位校长表示，他们对此持开放的态度，支持学校里成长起来的干部和教师走出本校，去其他学校或部门任职，实现更好的发展。走出去的干部教师所腾出的岗位也会给更年轻的教师和干部发展空间，形成"江山代有人才出"的局面，让教师们认识到只要努力就有发展的机会。

建立学校的后备干部储备制度。区域教育行政部门往往会建立后备干部培养机制。借此机制，有项目学校形成了校本化的后备干部储备制度，遴选出一批有意愿、有一定管理能力的教职工，建立后备干部名单。不论是以现职干部"影子"的身份参与相应工作，还是参加专门的培训，都是他们成长的机会。一位校长说："区里最近决定把另外一个小区的配套学校交给我们来办，那些储备了几年的后备干部开始活跃起来了，积极向我争取到新的学校任职，有的直接提出希望担任独当一面的职务。"

搭建学校内的专业成长平台。很多学校在校内成立类似"骨干教师工作坊"的组织，让已经"功成名就"的教师承担教研和科研任务，带徒弟、做课题等，把他们从个人价值的实现提升到帮助他人成长的价值层面来。这是有效提高教师活力的策略，能够促进学校内专业力量的优化。有一所项目学校的做法让我记忆深刻：为交流的学校团队讲解时，校长把机会都留给了教师，他自己只讲一个导言。这些教师准备发言的过程，其实是再反思和再提炼的过程。校长有意识的后退，对激发教师活力非常重要。我们在同时进行多所学校变革的时候，会有意识地安排其中某所学校表现优异的教师到另外一所学校去作讲座或指导工作。有一位教师分享了她的喜悦，说这是她当教师以来最为灿烂的一刻。这些给教师搭建专业成长平台所带来的精神激励可能比物质激励更有效。

进一步激发教师的活力，最本源的办法就是回到尊重教师、激发教师的专业热情上来。对教师高看一眼，教师就会更加认同校长和学校的变革，成为学校变革的积极行动者，有利于变革的持续和深入。

始终保持对新生长点的兴趣

学校变革是一个组织机构不断完善和生长的过程。变革"细胞"有死亡，也有再生，通过这个过程，才能让学校这个机体不断更新和发展。所以，变革型校长要按照变革方向，基于学校变革的整体架构，从学校现实状况和外部政策变化中，不断感知新的信息，寻找学校变革的新生长点。

坚持关注课堂有利于发现新生长点。校长如何发现问题，基于什么决策？校长们的一致答案是：到一线中去。而深入一线最常见的方式是听课。有一位校长说，他每天和干部教师讨论需要解决什么问题，如果大家想不出新问题了，他立刻坚定地说，"那就听课去"。还有几位校长坚持上课，他们的观点是："我之所以上课，就是不想脱离课堂，脱离孩子，脱离老师。如果脱离了，作决策的时候就可能会有偏颇。"有位校长给五六年级的孩子上心理课，借此了解这一代孩子的家庭状况、家庭教养方式对他们的影响。这是校长的办学智慧。校长通过听课了解学校教师和教学的日常真实状态，发现问题，能让自己摆脱已有经验的束缚，保持对信息的敏感与开放，有利于作出正确的决策。

还有几位校长是这样认识的：

"我通过听课，了解教师的课改理念、教学方式是否有转变，他们的教育教学是否符合学校的培养目标，是否偏离了课改的要求等。"

"我要通过听课了解教师的工作状态、教学水平，以及学生的状态。听课之后再跟教师交流，会产生很好的作用，一个是教师觉得校长很重视他，另外一个，就是了解教师是怎么备课的，以及对今天上的课有什么反思等。"

校长们通过听课，发现是否存在共性问题。如果有，就会请教研组、年级组一起研究解决；如果是个别问题，就要进一步判断是教师的方法问题还是理解问题，是学校推进中的管理问题还是落实中的策略问题。有些共性问题不是表层问题，而是反映这所学校的儿童观等深层问题，这些问题就与新的生长点有直接的关系。变革型校长认为，他们要观察教师这节课的设计是否真的贴近孩子，是否真的尊重了儿童的认知规律，教师们的随堂评价，是否体现了对儿童个体的关照。这些都是"根子"上的问题。还有校长通过听课发现，教师普遍对新的教学方法缺乏理解，他就推动制定新的教师培训方案，展开联合教研。根据学校里成熟教师、年轻教师和新入职教师的结构，校长会建立教师发展梯队成长制度。这些都是一个个的新生长点。

保持对学校外部信息的高度敏感。教育政策是影响学校变革的重要外部信息。国家每次出台新的政策，校长都要高度关注，并与学校正在进行的变革联系起来思考，由此确定下一步的行动计划。以课程改革为例。当2022年新版课标出台以后，唐晓勇校长就将其与旧版课标进行对比，确认学校多年推进的课程整合、项目式学习等，高度吻合新课标提出的以主题、项目或活动组织课程内容，强化学科实践和跨学科等要求，而新课标所提出的新要求和新做法能够为学校下一步的深度变革提供引领和支持，成为新的生长点。就大家都非常关心的"双减"政策中教师负担的问题，张文凤校长没有压力，她说，多年以来，学校认真实施了购买第三方机构服务项目的工作，落实了家长课程项目活动。"双减"政策实施以后，学校认为，第三方机构所开展的拓展类课程能够较好地满足学校三点半以后的课后延时服务的需要。通过将这些项目与家长课程项目、教师开设课程三者进行有机整合，不仅能够有效减少教师的负担，还让每一个孩子都有了一张适合自己需要的课程表。

  此外，技术变革特别值得关注。偏远农村学校通过互联网进课堂，实现了学生足不出户就能听国内名师上课；有的城市学校紧跟互联网技术发展趋势，实现了网络在线评价的应用以及评价反馈的个性化。对这些外部因素的关注，也有可能为学校发展找到新的生长点。

第八节
成果融入文化

重塑学校文化理念是学校变革的起点。文化理念通过在课程、教学、教师、组织结构等方面的变革行动，逐步得到修正、调整和再确认，沉淀为学校的价值观念、思维方式和行为模式，并体现在制度改良、人们的自觉行动和积极向上的文化氛围中。每一个进入这所学校的人，都会为学校文化的"一致性"所感染。文化最终系统地定义了这所学校的"个性"，成为学校在未来较长周期内稳定发展和持续变革的关键因素。

通过制度来稳定变革文化

变革型学校通过建立专业组织负责人聘任制度、成员奖励制度等，促进教师参与变革，加入到专业组织中承担试验性和探索性的工作。这些制度只是其中的一部分。另一部分是对科层制管理体系的制度再建。

要求中层干部加入到专业团队中。科层制管理制度的天然属性就是习惯使用管理权力，习惯使用"管"的行为模式。尽管发展出了越来越多的网络状专业组织，去中心化决策的运转体系也越来越成熟，但是一旦校长被调任，或者发生其他变故，科层制的模式就会自动回弹，影响业已形成的变革组织结构的运转。进行制度再建，有助于变革文化的稳定。变革型校长普遍认识到这一点，并建立了中层干部加入专业组织的制度，中层干部要么成为专业组织的领衔人，要么成为团队成员，利用管理岗位的优势为网络状专业组织服务，同时也能成长为专家型教师，实现管理能力和专业能力的双提升。

基于这种制度设计，有一所小学要求后勤管理干部成为"节约粮食"等主题课程的成员，利用他们的岗位和专业优势，在食堂等场所，给学生讲解粮食种类与来源，带领学生观察、计算食物浪费情况，讨论浪费的原因和破解之法。后勤管理干部和食堂师傅成为兼职研究者和教师，大大提高了在学校中的价值感，增强了对教师职业和学校变革的认同感。

建立中层干部共同参与专业决策的制度。有位项目学校校长发现，各学科教师各自基于本学科做活动，学科间没有关联，活动太多太散，学生不可能都参加。于是他召集所有的中层干部——而不是像以前只召集教学和教研干部来讨论如何解决。会上大家各抒己见，校长尤其表现出对行政、后勤等部门主任意见的重视。此后这些部门主任虽然没有加入专业组织，但他们更加积极地支持专业活动。这种多方成员共同进行的主题会议也成为学校新的专业决策机制。

通过制度建设，中层干部对管理的认识将得到调整：管理不是为了管理本身，而是为了服务于学校的教育教学、教师发展和学生成长。科层制管理体系对规范管理和效率的追求，要服从专业发展的需要。制度的修订目的是回应学校变革的需要，并起到稳定变革文化的作用。

每个人都从文化中受益

文化理念体系的各个要素之所以重要，就是因为这些要素对人们的日常行为起着规范和引领作用。它属于学校领导力的范畴，是日常教育生活的内容。文化之所以能够落地生根，就是因为文化中的人们在日常教育生活中愿意按照这些要求开展行动，并影响包括家长在内的进入这所学校的所有人。

学校文化会沉淀为学生的品格和气质。浙江的台州东方理想学校从开办之日起，就确立了"最大的梦想都可能实现，最小的梦想都值得尊重"的理念，系统规划和实施了理想教育课程如游学课程等。十年以来，这个理念影响了每个学生，他们都表现出阳光和自信的共同气质，对自己的理想和目标有憧憬、有设计、有行动，以及基于问题和现状想方设法求改进的积极心态。

2012年，北京市第一六五中学的单志敏校长通过实施生涯教育，让这所学校的学生实现了很大发展。她后来说，短短两年内，在基础那么差的情况下，学生就在高考成绩、参加拔尖创新人才培养项目等方面取得极其亮眼的成绩，就是因为生涯教育能够引导学生认识自己、觉察自己的兴趣和能力。

杭州公益中学的潘志平校长坚持在学校里落实"亲情教育"理念。有一年，我们在学校里碰到两位刚上高中的毕业生，就问他们："你们认为公益中学的毕业生与其他初中的毕业生有什么不同？"有一位同学回答说："我们更愿意帮助别人，比如说送水工来教学楼送水的时候，我们学校毕业的学生就会主动去帮他卸货。"另一位同学则直截了当地说："我们的情感更丰富。"也许这句话最能表达"亲情教育"理念的落地效果，特别有冲击力。

学生是优秀学校文化的直接受益者。记得当时与北师大的高洪源教授讨论特色建设时，高教授提出应当将"未来校友体现的品质与学校当初的主观要求一致"作为学校确定培养目标的一个原则，表明学校文化理念必须要渗透下去，对学生的价值观产生影响。

学校文化会改变教师的职业状态。张文凤校长把已经做了多年的第三方机构项目和家长课程项目纳入"双减"政策的要求中，让教师们没有感觉到在劳动时间和工作强度上的压力。她说，他们的教师文化是"大气智慧，自信优雅"，如果不能做好学校常规工作的设计，利用多渠道的资源和力量的话，教师们也将忙碌而无序，那怎么能够优雅起来？优雅不是说出来的，而是需要行动和制度的保障。

成都市熊猫路小学的老师们通过讨论，提出了"任意起点、无限高度"的表述，一开始可能是为即将到来的赛课提气。但这句话为学校所接纳并成为对教师的文化要求，成为学校文化理念体系的一个组成部分，陪伴老师们渡过了最艰难的时期，让他们从最没底气和职业尊严的时期走了出来。随着学校变革取得初步成就，校长和教师们提倡，把每一次的成功、每一次获得荣誉都作为新的起点。校长说，老师们养成了一个习惯，每次在公开场合进行分享，在得到赞誉或荣誉的时候，都会在心里提醒自己：今天的经历，是我此前从来没有过的，我又突破了自己，达到了一个新的高度，这也给了我攀登更高台阶的机会。这种文化让已经成为骨干教师的人开始规划更高的发展目标，让新教师理解自己现在的起点，并在更高的层次上设计自己的职业发展道路。

校长实现文化领导。一所项目学校用了十年的时间，实现了文化对学校发展的稳定支持。校长说："我感觉到文化真的是一个'场'，让身在其中的人，都奔着一个方向走。这实际上就是全体教职工共同认同的、愿意遵守的规范。教师们要是不这样，在这个'场'里就没法生存，我现在特别能体会到文化管理的力量。"

学校坚持变革，终将实现文化管理，而校长也将成为真正的文化领导。这就是变革型学校所达到的境界——不是靠校长个人管理，也不是靠刚性制度管理，而是靠文化管理，所有人的行动与学校的理念、价值观和目标高度吻合。

行动自觉是一种文化自觉

教师专业组织越活跃，教师民主参与、彼此支持的文化氛围就越好。科层制管理体系也会变得比以往更加柔软，能够促进管理者与教职工群体以及个体之间的良性互动。专业组织内的平等协作也塑造了教师们的精神面貌与行动方式。

教师自觉参与到学校管理行动中。自20世纪90年代以来，教师参与学校管理一直是教育管理学研究领域的一个重要主题。学界普遍认为，教师参与学校管理能够提高管理的效能，提高决策的合理性，降低决策风险，提高教师的积极性，改善管理者与教师的关系，优化组织文化。多所项目学校校长的实践表明，教师成为学校管理和决策的积极参与者，是一个重要的变革经验。这里有两个案例。

一位高中校长这样描述她的经历："学校那么大一个摊子，校长确实是有权力，说怎么干就怎么干，老师们也会去干。但这样很容易出问题，真出了问题，大家肯定都当旁观者，还得校长自己去解决，这对学校好吗？'听人劝，吃饱饭'，所以我有原则，但不固执，做法上可以变通。老师们随时都可以过来跟我说，校长你看咱们这样干行不行。这是一种决策民主，能够让大家主动去做事。比方说针对食堂给教师伙食补助的方式问题，干部们拟定的方案不太尽如人意，最后一位老师提出了一个合规又容易操作、大家还特别满意的建议。"

这所学校普遍采用了这种"商量"的机制，通过这种机制，教师随时都能对学校的公共事务发表意见，提出建议。校长和学校管理者也形成了一种自觉：只要是学校层面的活动、项目，都要先拿出基本框架，发给所有教师，教师们都可以对这个框架提意见。这已经成为学校的一项制度，它避开了科层管理的层层传达、层层回收意见的信息损耗问题，让所有教师和学校决策者可以在一个平面上进行对话。校长说："作为一个女校长，我知道自己的视野、做事的方式都有局限，我必须要找很多人来帮着我，这就是我朴素的想法。当然，我会坚持我的原则，大家可以争论，但必须对事不对人，不能意气用事。从学校的发展出发，立心为公，怎么说我都不会生气，谁说得对就听谁的。这么几年下来，现在我们的班子还有老师们都建立了比较好的信任关系，团队氛围不错。"

还有一位小学项目学校的校长同样认为："我不是那种固执的人，我会兼听多方面的意见，但也会有自己的思考。我特别希望学校能够实现百花齐放，每一朵花都各得其所。"这位校长给予教师充分的信任和宽松的环境。她说:"这些做法看似无为而治,但我觉得能够激发老师们的内驱力,他们会比较自由地去做事,发现学校的问题会主动解决,主动给校长及其他人提建议。"基于这种状况,校长两年前推动了一个新的制度安排——给教师评"最佳建议奖"。作为教职工代表大会制度的延伸部分,该制度规定,提建议至少要有五个人以上联名,年底评选"最佳建议奖",由校级干部给建议人献花。"一位老师能够主动去和其他五个人沟通,本身就是一个好的组织文化建设活动,通过这种奖项也可以引导教师以主人的姿态看待学校的问题。"

评选结束并不是活动的结束,而是制度的再推进。接下去要整理教师们的建议,进行归类,逐条研究。如果多组教师提出同一类问题,意味着这可能是学校的共性问题,必须去调研、确认和整改。她举了一个"最佳建议奖"的案例:教室的阳光太强烈,但学校一直没有安装窗帘,会损害孩子的视力。提出的建议方案是,装上一个纱帘,还必须是白色的,保持自然光的同时防止光线过度。学校接受了这个建议,花了20多万,把几个校区的教室全都装上了白纱帘。这一类建议对孩子好,对学校好,能解决日常熟视无睹的隐患问题,就是最佳建议。

为了落实这种包容并推动教师自觉行动的文化,校长需要高度重视出现的不和谐因素。有一次,一位老师出于个人利益,给学校提要求,但很显然,这个要求是不合乎制度的,也不合理。"当时我们班子有人提出要给这位老师处分,我坚决不同意。我认为,他给学校提建议,本身并不存在对错。同时,他提这个建议,可能是因为对制度不了解。即使是有意做这个事,那也说明我们平常的工作有问题。氛围宽松了,教师才会说真话,这很关键。"

管理学大师德鲁克认为:"不要以全员一致赞同的方式来决定事情,因为,从各种不同的意见中,能够产生出正确的决策。所以说,我们需要的不是意见完全一致,而是不一致,并且不应在大家没有异议时才做决策。"[36]正确的管理需要从大量正反不同的意见中产生,有效的管理往往是以对立意见的冲突、不同观点的争论和不同的判断为基础的,而不是从异口同声中产生的。上述案例就表明，校长基于底线和原则采取包容、开放的行动，能够营造积极向上的学校文化，并沉淀到教师们的价值行为中，教师们就会像校长一样思考问题，不仅从事教学，还能从不同层面去发现和思考学校的问题，并采取积极的行动。

教师在关系和情感中体现文化自觉。苏州科技城小学校教育集团的徐瑛校长讲过她学校里一位"女神"的故事。学校食堂的高姐用真情做工作，在让老师吃得放心的基础上，自觉传递"爱"的信念，想尽办法给老师吃最时令的东西，了解每一个老师的口味并给予照顾。她对从北方来的老师说："你看，这边特意给你准备的辣子，你要尝尝吗？"一年内，她给我校的每一个老师过一次生日，给他们一个小蛋糕，为每个老师写一段特别个性化的温暖祝福。问她是怎么做到的，她说她会去了解每个老师的情况，问学生、问老师，听听他们眼中的老师是怎样的。没有人要求她这么做，她就是想做这件事，她觉得自己的岗位是很有意义的。在学生用餐后，她会去问学生今天饭菜的口味怎么样，然后做好记录，反馈给食堂管理人员。

跟其他变革型校长一样，徐校长也反对用硬性的指标、工具和数据去对待和评价教师。多年下来，学校教师间、教职工间、教职工和学生之间都营造了一种充满爱的关系和情感，互相发现，彼此看到，共同支持。

学校变革文化就是推动全体成员自觉行动的文化，能够激发所有人生命的潜力、热情和活力，让所有的生命灿烂绽放。

校长始终坚持做文化的示范者

实现校长的文化领导，不仅是校长变革领导力的内容，也是校长培养全体成员获得变革领导力的重要途径。校长始终做文化的示范者就是一种培养方式。

不论是新建学校，还是进入深度变革的学校，校长身体力行，在文化建设的全部环节中都发挥不可替代的示范作用，这一点是非常重要的。在我做的一项调查中，校长们认为，他们对中层干部的培养方式主要是示范、言传身教，其次是用愿景、目标、思想、观念和情怀进行引领，再次是严管厚爱及其他管理策略。可见绝大多数校长对自己的领导角色有着清晰的认知。

校长要将自己调整到"领导者"的立场上来。在对一所项目学校进行调研时，有将近三分之二的教师认为"学校的事情主要听领导的"，还有超过四分之一的教师认为"小事也要等领导拍板"。由此可见，新任校长要迅速从管理者立场调整到领导者立场，破除教师对校长这个职务的已有认识，才能更好地推进学校变革。

有一位校长用一个比喻表明立场调整的重要性：对待教师的管理，就像攥在手里的沙子，你攥得越紧，留在手里的沙子就越少。变革型校长更愿意用愿景和使命，而不是考勤和扣绩效工资等措施来实现学校发展。这种立场本身就是一种文化立场。

校长要警惕自己一怒改校规。当所有的干部、教师都汇聚到一所学校时，每个人都带有自己的价值观。在学校共同文化规范的要求下，他们行动、互动，最终凝练成学校的文化共性。校长也一样带有自己的价值观。凭借职位和权力，校长是最容易打破制度和共同规范的人。中小学校里常常会有校长一怒改校规的现象。希冀促进学校变革的校长，一定要对此保持高度的警觉：带头遵守学校共同的文化规范；当认为某个规范跟自己的观念、习惯和要求不符合时，一定要先冷静下来，作好反思，修正自己与学校共同文化规范冲突的价值观。这是对校长的一个"硬"约束。

让教师看到校长的行动。徐芳在担任张家港市江帆小学校长的时候，就自觉地做学校文化规范的维护者和行动者。在学校"不论何时，人总在中央"的理念下，她高度重视教师们的所有事项，比如涉及学校层面的思考，凡是邀请教师提供创意的，她都会仔细阅读教师们写的所有文字，找时间和他们交流。这样教师们就会感到，校长在乎他们的喜怒哀乐，在乎他们的任何想法。她和班子开会的时候也经常说，教师愿意提关于学校工作的建议，说明他们有主人翁意识，想把事情做好，千万不要认为这是在反对谁、为难谁。校长的以身作则必然会对教师产生影响，他们也会努力践行学校的理念。有一位老师在疫情居家三个多月的时间里，将一个家庭情况非常特殊的学生带在身边，给他生活和学习上的照顾。其间，学校不仅没有接到一个投诉，反而接到了这位学生家长的表扬信。徐校长说，如果不是这封表扬信，她都不知道这件事。

张文凤校长是学校绿色成长教育理念的自觉践行者。她将观察到的事情都纳入文化框架中进行审视，以此判断其"合规性"。她看到美术老师在课后把剩下的边角料扔到垃圾桶，认为这种浪费比较严重，跟学校的绿色文化理念、绿色课堂评价不符合。她向老师建议，有些边角料可以给孩子剪纸用。再比如，她发现老师们使用 PPT 太多，有的多到莫名其妙的地步，与学校重视孩子的视力、限制使用电子产品的要求不符合，也违背了绿色课堂评价的标准，于是提出了完善课堂管理和评价的措施。这就是在给教师和孩子示范绿色成长教育理念。

可见，文化理念提出来容易，要得到全体教师的认同并作为行动的准则，还得经历长时间的浸润。校长通过点点滴滴的行动示范，就能够实现教师们对文化理念的高水平认同，让学校全体成员明确奔跑的方向。

时常回到底层信念上思考问题。青云店中学在取得比较好的变革成就以后，学生越来越活泼，足球项目成效显著，进入了京津冀中学生足球比赛的决赛。决赛中，他们先进了一个球，但最后被对手反败为胜。守门员认为这次比赛输得太冤，非常生气，转身朝球门框就是一拳，把自己的手腕打骨折了。带队老师和学生们回学校以后，在实在瞒不过的情况下，就向尚校长作了汇报。校长对带队老师提出了严厉批评，他说：这个问题不在孩子，在我们的教育，踢足球在乎输赢没错，但我们做的是教育，教育就是要告诉孩子们，我们要输得起，要从输球这件事上找到技术、心理和信心等方面的问题，这才是育人。如果以孩子的健康为代价,赢了球我也不开心。后来,这位学生主动找到校长,检讨自己的问题,表示自己要继续提高。他还为老师求情,希望学校不要处分老师。这位校长最后说:"足球是高风险的运动,受伤不可避免,关键是受伤后怎么办,孩子在碰到事情时会有什么表现,哪些表现又是我们学校教育所期待的。孩子仁义、明事理,说明我们的教育目的达到了,我内心十分高兴。"

这个故事正是强调校长对教育的深度理解和对内心教育信念的清醒认识。校长能够从学校发生的各种事件中,思考背后的儿童观和教育目的,从根本上找到处理各种复杂问题的办法,并传递给老师,这是学校文化的传播方式,也是提高全体教师变革领导力的重要路径。

校长作为文化的示范者,既要保持对学校文化理念的深刻理解,又要以这种理解来行动,给教师团队以文化引领,随时随地传播,文化才能真正沉淀下来,成为学校的文化基因。

发挥文化解释新事物的能力

我们可以思考一个问题,那么多著名的老学校能够传承百年,是因为"一个好校长就是一所好学校"的观念使然吗?那如何保证每一代都是"好校长"呢?所以,归根结底,名校的稳定发展靠的是文化的力量。

用传承的文化指引学校变革行动。创办于1913年的苏州市东中市实验小学,由当时的钱业(即金融组织)同仁集资筹建,崇尚勤俭,摈弃奢华,立"宁朴勿华"为校训。这一校训延续百年未曾改变,一直塑造着这所学校的精神气质,具有对不断发展的新事物的解释能力。在近几年的办学过程中,学校以"朴"为核心,提出以省时、高效、减负为目标,"向课堂40分钟要质量",强化"每堂课让学生有收获",努力追求"适负高效"的"有效课堂"改革。按该校现任校长孙霞芳进一步拓展的理解,这一校训对"人"的要求是持续的,以纯粹本真之心,做平凡踏实之事，让管理服从文化要求，使教师诚勤耐心，从而培养质朴、勤勉、良善、进取的学生。这就是学校文化的解释力，它可以为学校的持续发展提供支持。

发掘文化资源，建立学校当下与历史的连接。众多的百年学校，自觉发掘历史文化资源，结合当代教育改革和学校行动进行再阐释，让全体成员理解学校从何处来，又向何处去，在历史时空中找到自己的方向和优势，确立学校的发展模式。

印象特别深的几个项目合作学校中，北京二十七中学就将蔡元培先生创校时用的钟作为构建课程图谱的基础形状。北京陶然亭小学延续学校建校之初的慈善精神，把"收养无父无母孤儿施以相当工艺教育使其长大后有自立能力"的宗旨转化为当下的"全人格教育"理念和"培养具有友善之心、服务之能、创新之力的现代合格小公民"的目标，与对口升学的北京师范大学附属中学的理念进行有机衔接，使得学生能够在同一个文化理念的连续浸润中成长。

学校作为教育机构，其使命就是育人。从人的成长规律出发，就能找到正确的行动方式，形成学校的核心价值观和整体文化氛围。这些文化经过长时间的磨合和沉淀，将会成为这所学校的"基因"。这是一种后天习得的"非生物基因"，表现为学校这个组织内全体成员所遵循的信念、价值观等，成为每一个人都具有的"信息单元"，并以此与外界互动，指引大家进行正确的判断和选择。

文化解释新事物的能力越强，学校文化整体上就会越稳定。文化符号能够在标准化解释与创新之间、感性与理性之间取得平衡。在这个极具不确定性和模糊性的世界中，学校文化就像一个稳定器，能够让学校在一个较长周期内实现个性化发展。即便遇到强大的外力冲击，其精神也能够代代传承。尽管百年间沧海桑田，但依然有着相当数量的学校薪火不断，延续至今，向我们诉说着超越时代的不凡气韵。这就是文化基因的作用。

对变革周期的讨论

以重塑文化理念为开端，到成果融入文化，学校已经历了一个完整的变革周期。这是否意味着变革的终点？张东娇教授认为："这是一个相对完整的文化建设周期，可以循环往复创造性增值使用，没有终止。"[37] 此时，我们需要思考：学校是否进入了下一个周期？该如何看待下一个周期，并采取新的变革行动？

新周期是实现更高办学水平的时期。学校是在与社会的互动中不断成长的机构。学校在适应社会和经济发展提出的学生成长需求的同时，还要以儿童发展为中心理念，进行适度超前的课程和育人方式的变革。取得变革的成功之后，薄弱学校进入了一个更加规范的发展阶段，人员状态、组织机构运转、学生特质等得以稳定下来，学校个性化的特征和办学风格开始形成。接下来，学校需要围绕学生学业水平和综合素质表现、学校特色、学校的社会影响力等，反思变革因素，确立新的发展目标，让大家进入新的变革前沿阵地，开启新的变革周期。

原本基础就好的学校更有能力实现新的发展，按教育哲学的要求调整其学校文化理念，拓展其解释新事物的能力，引领学校焕发新的生机，在课程与教学改革、教师成长等方面采取开创性的思路和做法，达成学校发展的新高度，成为变革的典型，在更大的范围内形成对其他学校的引领作用。

行动，再行动！经历此前的变革周期后，学校理念已经得到验证，沉淀到人们的价值观和行为中，教师能力大幅度提升，全体成员开始体现出具有变革领导力的特征，组织结构有了包容和支持持续变革的能力，日常教育生活具有了稳定性。此时，进一步的行动就更有力量。行动可以首先从特定情境及其问题开始。例如，有一所以流动儿童为主的学校，很多家长不理会学校的要求，来开家长会时穿拖鞋和背心，还吸烟和随地吐痰。根据建议，学校开始调整思路，把对家长提要求的任务交给学生，因为学生比教师更能让家长"听话"。这一建议的实施大大改变了家长的行为。

一个越来越熟识、越来越让人适应的学校环境，会影响我们发现问题和采取行动的能力。变革型校长应该认识到，变革无处不在，只有建立调研机制和反思流程，从更加多元的视角看待学校问题，才能让所有成员保持清醒，在巩固已经取得的成就基础上，继续行动，深入推动变革，让学校在新的变革周期中实现更高位发展。如果行动停滞，这个周期可能就是"生—死"周期，而不是"稳定—再上升"周期。

第四章

成为变革型领导者

第一节
变革型校长的主要特征

校长作为领导者，是发动、推进并不断完善学校变革的核心人物。校长的变革领导力体现在实施学校变革八个步骤的全部过程中。回过头看，我们需要讨论一个主题，那就是变革型校长具有什么共同的能力特征。或者说我们可以换个角度提出问题：在一个区域内，为什么总是只有很少的几所学校能够率先行动、坚持下来，并取得变革成就？这些学校的校长具有什么能力特征？这可以作为变革型校长特征的研究起点。通过对变革型校长的分析，我们试图建构一个变革型校长的能力框架（见图4.1），作为学校变革八个步骤的延伸研究。

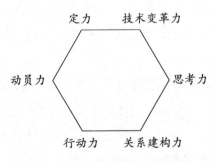

图4.1 变革型校长的六种能力

定力：拥有不变的初心

初心不变，是校长们对发展理念和目标的坚守。十多年前，我们通过特色建设实现整体改进的两所学校，一直保持着非常好的区域影响力，学校文化理念持续渗透到学校的方方面面，校长已经非常享受文化带来的管理乐趣了。其中一位校长说："十年前，学校确立了文化理念体系，尤其是培养目标和学校发展目标，此后就一直没有再改变过。学校所做的课程改革、教学改革、组织结构变革、教师提升等，都是在这些理念的指引下进行的。我一直坚持，没有任何动摇，因为我坚信，我们当时定下来的，就是长远的。"这所学校的变革，我们可以称之为愿景驱动的学校变革，是文化引领的系列行动。

实施学校变革校长的初心表现在重视规划。有位校长到任伊始，就在调研学校处境的基础上，自己规划改革方案草稿后交给大家讨论修订。他做这件事有多重意图：提振教师队伍的信心，改变他们对校长的认识，让大家知道学校未来发展有一个基本的目标和实现这个目标的路线图。在规划获得基本认同之后，他们会坚定地执行下去，朝当初定下的目标前进。在实施过程中如果遇到挫折，他会带领教师一起以目标为参照辨析问题性质，解决教师思想上的困扰。无论是文化引领、愿景驱动，还是规划制定，都是对校长是否清晰了解学校变革图景的考验。

初心不变，是对儿童成长发自内心的欣喜。这是一种特别朴素的感情。在一所农村中学，当三年的项目做完，开总结会的时候，孩子们承担起了所有的参观引导环节。一路走过去，我们都真真切切地感到，跟三年前相比，这些孩子的脸上干净了、有光泽了。这对农村的孩子来说，是非常宝贵的一件事。这个场景让我想起 2009 年的北京定福庄二小，现在的中国传媒大学附小。学校当时已经做了 20 多年的民乐教育。张丽荣校长说，从三年级开始，孩子们开始学习民乐，几年之后这些孩子的脸都要比以前干净许多。这句话太有冲击力了。初心不变的校长始终欣喜于儿童的变化，并保持对孩子成长的惦念、日常细微的观察和领悟。

初心不变，是对儿童成长规律的高度尊重。工厂要考核的项目之一是产品质量，"次品"的比例往往是关键性的指标，这些都是短期内可量化的评价。但是学校不一样，学校要育人，一个人的成长不是短短几年就能够看见的。人类的进化比羚羊高明的地方，就是人类的幼童有更长的哺育周期，让他们充分适应、认识这个世界，积累改变这个世界的能力，而羚羊则相反，它们一出生就必须迅速站起来，并准备逃跑，形成不断在低水平循环的能力。十多年前，我们第一次到北京小学翡翠城分校的时候，学校就呈现出"特别儿童"的氛围。十多年后的访谈中，张校长一开口就是如何理解孩子，理解孩子的家庭背景，以助益于学校教育的实施。她在与孩子的对话过程中始终遵循着"以儿童为中心"的基本原则。这是唤醒和等待，是对生命成长的尊重。

动员力：领导角色变化后的新方式

在工业文明时期的学校运行体系中，校长是"强有力的领导"，通过自上而下的方式行使权力，提高学校效能。然而，学校所处的时代和环境在发生变化，校长的权力行使方式也在不断调整。变革型校长会通过让教师意识到所承担任务的重要意义和责任，激发他们的高层次需要和发展愿望，激发他们的积极性，使他们为团队和学校服务。变革型校长认识到，一旦变革开始，他们必须首先改变自己的角色和使用力量的方式，更多地使用横向领导力。这意味着，校长要由行政权威向专业权威转变，从管理者向领导者转变，从正确地做事向做正确的事转变，从命令的方式向共商和愿景驱动的方式转变。

推动教师从一开始就参与到学校文化建设过程中。学校的顶层设计不是校长拍脑袋想出来的，而是所有教师一起贡献智慧、形成共识的结果。教师参与文化建设，就能更好地理解学校文化理念的含义，有利于各个部门、各个学科的教师弥合分歧，形成专业共进氛围。参与到学校文化建设过程中，会激发部分教师率先行动，主动探索课程改革，并带动其他学科教师加入进来，校长的动员力则转化为更多人互动的力量。

"领着干"。这正是从"管理者"向"领导者"角色转变的一种行动方式。校长不是一个绝对的命令者，而是一个领着大家一起往前走的人。校长实现了角色转变，意味着办学目标不是他一个人的目标，而是团队的共同目标，围绕这个目标，校长和教师平等对话、彼此合作。校长是执行者，同时也是变革项目的积极开发者，既是团队的一员，和教师围绕着专业问题进行对话、决策、行动和评价，又是领导者，给大家指方向、鼓勇气。"领着干"，让学校变革的过程更加真实和完整。

知道什么时候该给教师"打气"。变革型校长经常深入课堂、教师的办公室和教研活动场所，随时了解教师们的看法，及时提供鼓励。当学校取得初步成就、教师们沉浸在愉悦中时，校长会及时提醒，我们已经知道方向在哪里，就可以继续努力往前走了。教师在区里取得一定荣誉后被其他学校的教师嫉妒时，校长会马上开导他们，真正超过那些教师就会让他们闭嘴。校长这样的持续行动，就会累积出教师们共同前行的力量。

行动力：促进变革的发生与可持续

变革型校长是主动发起变革的那个人。校长的个人领导力需要转变为学校变革领导力。所以他们从一开始就必须做一件事——"唤醒"教师团队，激发教师团队的自尊心，告诉教师学校走出发展困境的可能性，带领教师走到更大的平台上去接受挑战，促进"人心思变"。做这件事的目的，就是努力把校长对变革的期待转化为学校全体成员的变革意愿和需求。

以"渐进性"要求规划学校的变革。这个"渐进性"表明，学校作为一个社会组织机构，其运转有其自身的规律。教师的变革状态、资源的准备、家长的认同情况、政府部门的支持力度等都是影响变革的因素。同时，学校的文化理念、课程、教学与评价、组织机构、空间设置等板块是有机关联、彼此呼应的。因此，校长要高度重视变革事项的次序安排，觉察某些事件对变革的关键性作用。校长要了解教师参与改革的层次和状态，以变革主题、课题等方式引领全体教师加入行动，带动各板块的变革。校长要为取得成功经验的教师搭建展示平台，让他出彩，给其他人以示范和激励。不管哪个环节，校长都要注重营造全校的变革氛围，形成变革文化。

给出清晰的行动方案，但不对结果提要求。有校长明确表示，他会告诉教师们自己是怎么想的，为什么要做这件事，并且提出行动的思路，但不要求一定达成结果；还有校长跟团队讨论规划及项目实施的理由、做法等，也不提结果要求；更有校长跟教师们明确表示"你们放心去做，有问题都是我的"；等等。这些变革型校长在这件事上体现出的一致性，确实值得细究。我想可能有几个因素：第一，变革行动有目标，却难以描述确定性的结果，因为它不是流水线上的产品。第二，不让教师产生压力，有利于教师的心理安全感，避免对变革畏缩不前。第三，不设结果能够赋予教师创新的空间，提高形成多元方案的可能性。

及时制定或修改制度以引导教师。制度建设是校长实施变革的关键行动。取得初步成就，表明此前的做法有效，能够向制度转化，以稳定的制度对各项变革因素进行固化。有的校长制定激励制度，表彰在学校的"破冰"项目中作出贡献的教师，有的校长设置课程申报制度以提高教师的课程意识，还有的校长用教师建言制度鼓励教师参与学校管理等，都是学校变革某个周期内的必要工作。

及时研判形势，并解决变革的阻力。变革型校长不会因为取得初步成就停滞不前，他们最关心的是教师的变革状态和达到的变革层次。积极参与变革的教师人数达到什么比例意味着学校形成了积极健康的变革氛围？学校的激励制度是否会让部分教师有失败感并带来负面影响？学校外部存在哪些因素会对变革产生致命的阻力？

众多案例表明，校长应该研判形势，解决各个阻碍因素带来的困扰，这是他们强大的变革领导力的表现。支撑这一领导力得以实现的，是校长对使命和方向的自信。这是变革型校长虽然被人误解、受人非议，却依然能够最终获得成功的原因。他们理解变革的规律，做好了付出短期代价的准备。这是一种战略定力。

关系建构力：激发变革的情感基础

变革领导力的实现，有赖于在学校及其成员间建立深刻的、广泛的、有机的联系。这种联系一方面体现在各部门的横向协同与合作，另一方面体现在各类成员之间的专业支持和彼此信赖。从目前的案例和经验来看，随着变革型学校内网络状专业组织的广泛建立及其与科层制组织联系得更加密切，干部与教师间基于学校变革目标会产生更多的认同。校长依旧是促进这种联系发生和深入的首要力量。所以，校长通过职权和个性来施加影响的同时，还要通过建设情感和关系影响教师的心灵，让行动和心动同时发生。

校长要保持与教师的随时沟通。变革型校长随时深入课堂一线，目的不一定只是听课，而是创造课后与教师的随机交流机会。这个交流过程，是了解教师困难、释放教师情绪的过程。非正式的交流更有助于建立教师与校长之间的信任关系。

部分校长基于学校实际，在关注"冒尖的"和"拖后的"两部分教师的同时，更多关注处于"中间"状态的教师。在校长眼里，这一部分教师人数最多，他们平常在学校里不引人注目，干的活儿最多，但得到的荣誉却最少。他们的情绪往往被淹没在水平面下，整体处于压抑状态，因此校长与他们的沟通就显得极其重要。

校长平衡冲突的能力非常关键。面对历史遗留的学校"派系"，明智的校长会带着教师朝前看,打破班子成员的认知局限。面对变革行动的反对者,他们会耐心等待,或者推动这部分人参与到教师专业团队中去,促进他们对变革的认同。

平衡冲突的能力还体现在对不同意见和他人的包容上。一位校长说:"在学校领导班子的决策会议上,我的提议竟然被他们否定了。一开始自己有点难以接受,后来一想,这是自己确立的议事规则呀,别人没有什么不对,于是便坦然接受了。"很多变革型校长都有类似的经历,但他们确立了一个基本的价值观——只要是为了孩子好,为了学校好,就必须接纳和支持。实际上,这也是变革领导力的一个关键原则——学校发展的短板,一定不能靠校长一个人去弥补,而是要由团队共同完善。

校长的关系建构能力还体现在建立有效团队上。当校长开始变革行动,他很可能面临的一个难题就是,如何在复杂的格局中找到能够一起朝目标前行的人。

有一位校长通过一系列谈话,对所有教师进行了解之后,找到了愿意先行先试的老师,鼓励他们去找到更多的同伴共同实施某个项目。这种做法避开了原有结构的阻力,以点带面,小步推进,逐步扩展,在科层制管理体系外,建立起了以专业性和突破性为特征的专业团队。随后,校长做了如下几件事情:一是给他们资源倾斜。二是搭建专业平台,给专业团队展示的机会。三是借此机会推动对科层制管理体系的改变,实现管理层级的扁平化,让管理的身段更加柔软,形成学校变革的"双元驱动"机制。

给教师们出彩的机会。这是校长建构关系的重要内容,也是实现学校变革领导力的重心所在。将展示学校变革成就的机会交给教师们,或通过与区域教研组织等的关系,不断推动教师参与进去,展示自己,提升能力,扩大见识。这些给教师搭梯子、让他们出彩的活动能够营造更加支持变革的氛围。

思考力：发现新的可能性

学校变革的整个过程中，校长无时无刻不在思考，同时还应鼓励团队成员一起思考。变革型校长需要及时判断形势，找到关键问题，解决发展困境。因此，摆脱下意识思维，跳出常规思维，通过观察、记忆、想象、探究、分析、判断等方法，对特定的问题和事项建构有效的分析框架并提出有针对性的解决方案，是对校长思考力的考验。

能够把握要害问题并展开行动。前面提到，在"双减"政策尚未出台时，有校长根据区教育督导部门的几次检查和反馈，敏锐地意识到有大的政策即将出台。通过进一步研判，她认为几次反馈都直指学校的课程、课堂、备课等常规问题。因此她迅速将这些认识全面分享给干部教师，并对他们说：几次督导反馈的都是这些问题，说明学校的常规问题一直就没有做好，拖了学校发展的后腿，更说明靠老的方式解决不了问题，那么大家就干脆别在这里苦思冥想了，先去把常规问题做扎实。这位校长抓住了要害问题，然后组织团队认真解决，学校变革自然就不慌张了。

剖析发展症结并运用形象化思维。李文平校长用萤火虫的形象，解决了教师和学生对"自主教育"的困惑："自主教育"的核心就是让每一个学生都自带光芒。在我们的项目学校中，校长们在构建学校课程图谱的过程中表现出了特别优秀的形象化思维能力，如熊猫课程、小狮子系列课程、巨人课程、云梯课程、全人格课程等。利用形象的图案，能够让学校的文化理念和课程教学有机结合起来，实现对各项工作的指引。

勇于突破现有局限，体现创造性。在普遍将学生成绩与教师绩效挂钩的背景下，有校长提出，把学生成绩从教师绩效考核因素中取消，鼓励教师从教书向育人转变。这种改变的结果是提高了学生的综合素质，释放了教师的创造性，不仅体现出了校长的思考力，更体现出了校长突破现行制度约束的勇气。

通过复盘进行反思。复盘是一种重要的思维工具。通过复盘，大家重新回到原来的情境中，分析已经发生事件的脉络，找到成功或失败的原因，寻找新的方法解决问题。有的校长是无意识地采用了这种方法。一位校长说，每次教育行政部门都找学校要不同的数据或者材料，如文化建设方案、课程改革方案，或者其他的很零散的材料，学校总是被动应对。于是她就想把以往进行的改革事项进行汇总、梳理、提炼，尤其是把这些事项背后的意义、体现的学校文化理念搞清楚，从而把做的事情串起来、统起来。这就是复盘思维的一种应用，让校长找到了学校变革的整体的"盘"。

还有的校长在变革取得初步成就之后，有意识地带领学校成员进行系统梳理，还邀请专家对学校进行全方位的再诊断，形成有价值的结论，为学校的持续变革提供帮助的同时，还提高了学校其他成员的变革领导力。

技术变革力：让人与未来连接

人类的发展历程是不断创造和应用新技术的历程。这也是一开始在学校运行体系图里加上"技术"因素的原因。学校发展的每一个阶段，都有那个时代的技术应用到课程、教学和评价中来。随着互联网和基于互联网的大数据技术的应用，技术已经深刻影响着学校的运转体系，让我们重新认识教育，认识儿童，认识教师的角色。

从关注技术到关注人。信息技术所体现的颠覆性是学校管理者此前没有经历过的事情，校长和教师们聚焦于信息技术本身，从一开始的认识、适应新技术过渡到使用技术产品，如电子书包、电子白板、家校通和多媒体教室等，不断扩大学科教学资源，提升了信息传递速度，并改变了课堂教学。随着国家对"互联网＋教育"的大力推进，智慧校园建设也在全国展开，带来了学校管理方式的革新，也使课堂教学的技术应用更有利于师生互动、资源获取。部分学校更进一步，将信息技术与课程开发结合起来，建设开放的课程体系，实现跨学科学习，重建学习流程，探索个性化评价。这一进步表明，随着教育信息化技术应用的深入，学校需要逐步实现从关注技术到关注人的观念转换，人永远是技术的主人这一观念逐步明晰起来。

利用信息技术提高学校的变革能力。互联网的普及让现在的学生成了数字原住民，信息技术就是他们生命和生活的一部分，他们还将成为发明新技术、推动信息技术继续革新的人。学校教育要做的，就是让他们与未来建立连接，成长为未来的人。

变革型校长意识到，教育信息化技术的应用，已经能够让每一个学生随时随地与校长直接对话，这挑战着科层制管理体系逐级传达的管理方式。已有的经验表明，在进行大规模线上教学的同时，校长能够直接观察了解学生的学习状况，组织结构变革在另一个层面悄悄展开。另外，教育信息化技术的应用对学校空间提出了变革的要求。为此，前海港湾小学的罗朝宣校长以开放、灵活、多功能和资源丰富的理念进行了空间变革。还有更多的学校利用信息技术开展云学习，与科研院所的场馆、其他学校的课堂等实现连接，体现了学习无边界的理念。

第二节
给校长的一些建议

领导学校实现深入、可持续的变革需要校长保持高度的专注。变革型校长在不断修炼成就前文所述特质的同时，还有一些需要保持警觉的地方。

学校变革，始于校长个人的觉醒

如何认识学校的真实发展状况？国家有什么新的改革政策？与此前的政策相比，有哪些延续性和变化？校长需要对外部的变革信息和形势保持高度的敏感，才能更好地思考应该向何处去和怎么去。有校长就表示，在学校改革之初，他试图从各种变化的观念、理念中找到有助于学校发展的要素，确定哪些必须放弃、哪些吻合学校现实需要并作出选择。

这种觉醒要转变为责任和行动。变革型校长会基于方向性的决策进一步提出行动思路和策略。有一位校长特别提到，她一直是其他人眼中的"好学"的人，校长同行也表扬她爱学习。当她担任副校长的时候，别人发言，她就一直做记录，当时她觉得自己是在学习。有一天，她自己意识到，这不是学习。她说，真正的学习不是把想法记在本子上，而是转化为行动。当从记录转入行动之后，所记录的东西和要做的东西之间打通了，才可能对现实产生影响。很多校长用自己的行动证明了这种转化的有效性，如迅速把"双减"政策、新课程标准等作为梳理学校工作、找到新的变革生长点的机会。

这种觉醒还可以让校长有意识地将学校的问题摆出来，寻找解决的理论资源。变革型校长不会固执于自己的成见，不轻易自得于自己的想法和做法，把自己的结论当定论。变革型校长会不断学习和研判，选择需要坚守的，调整不合理的，这样才能有持续进步的追求和超越当下的渴望。

记住：你不是一个人

变革是渐进性的，是引导教师逐步进入状态的过程。当教师的观念、行动的能力还在半路上的时候，校长不能着急，不能冲到最前线，自己去动手，甚至忘记了及时回撤。这往往会给教师们传递一种认识：校长认为你们的能力是有欠缺的，你们都要看我的。这会让教师们迅速成为变革的旁观者。校长不能忘记，你是带领团队的人，但你不是一个人。

变革型校长要理性地认识自己。他们能够很好地分析自己的优势和劣势，并准确定位自己的价值与能力。有一位校长通过充分的授权，鼓励教师积极参与到学校管理中去。但是，她发现自己作为校长所提出的意见常会被老师毫不留情面地予以否定。校长说："我一开始下不来台，但立刻调整，认识到自己的个性不是掌控型的，让大家参与管理，就是要避免让自己的劣势影响学校决策。自己的优势恰恰就是领导团队、发挥团队共同思考谋划的能力。"

变革型校长要学会等待。等待是变革型校长的良好品德。一方面，要给教师和中层干部留下思考的时间，不能急于求成，思考时间长可能会让思考更深、更周全。另一方面，要给冷眼旁观者、冷嘲热讽的人留下足够的时间和空间，不能因为一句冷语就抛弃他们，这样可能使他们转变为反对变革的力量，增加变革的难度。学会等待、尽量"一个都不能少"地带领团队的校长，在变革的路途中会走得更远、更稳健。校长还要等待周边环境的转变，要把家长、行政领导和社区等团结在一起，营造变革的整体氛围。

变革一旦开启就一定要坚持

在以往的学校变革中，有很多中途从变革路上退出的案例。开启变革行动所考验的是迈出第一步的勇气，而能否坚持则考验毅力和抗干扰的能力。

不要等到"想清楚了再行动"。有了正确的变革方向，就需要校长开启变革的勇气。不要等到都想清楚了再行动，因为不可能有一个万全之策。在现实中，做任何事必须要准备到90%的成功率时，最后的真实的成功率可能是零。学校变革亦是如此。在教育变革如此纷纭复杂的背景下，不可能有百分之百成功的行动，学校变革本身就是探索和反复试错的过程。变革型校长似乎总是处在"做中学"的状态，不应等到想清楚了再行动。

坚持下去比启动变革更考验校长的领导力。这是对校长变革领导力品质的考验。变革型校长在个性上有个共同点：有韧性、能坚持，不易被外部的声音所干扰。目前的案例表明，成功的变革型校长们只要看准了就不会放弃，而是通过各种办法将反对的力量转化为同盟军，做到最好。

要高度重视自己的信誉对教师的影响力

接手处于困境、亟待变革的学校，需要省察的重要因素之一，就是教职工对校长的信任度。校长必须建立自己的信誉并维护它，才能够真正激发教师团队的活力，一起朝变革目标前行。

校长的德行垂范极其重要。一位校长在了解学校历史以后，就明确了自己必须改变教师对此前校长"不务正业"的印象,并对教师们作出了承诺。他一直严于律己,发挥模范带头作用。更多校长明确将"在原则面前坚决不让步"作为自己的准则,面对班子成员在财务管理等方面的随意性,他们坚决抵制,并帮助他们改变观念,改变了班子成员在教师中的形象。

重视对教师的正当承诺并言出必践。没有什么比校长的言行不一致更具有破坏力了,这是造成变革失败的一个关键因素。学校每天发生那么多事,校长忘记给教师的某个承诺的事,可能会经常发生,因此,需要有一种自我提醒的办法,避免这种现象出现。

尊重和理解教师才能产生信任的文化。变革型校长始终认为,教师对学校现状的不满,是因为他们对学校的发展还有期待;他们不甘心落后,因为他们有着教师这个职业所赋予的尊严。用这样的教师观理解教师,和教师合作,自然能建立好的关系。有效授权,让被授权的人在所授权力范围内得到信任,并形成管理闭环,被授权的人才能相信校长是真的授权。校长要确立教职工在学校行动的规则底线,而不应纠缠各种管理细节,招致教师反感,破坏信任的基础。校长通过提高自己的信誉,树立言行一致、重信守诺的形象,就能够有效建立学校的信任文化,也才能要求大家跳出小圈子和小利益,在更高的层面一起思考学校的未来发展。

尊重学校历史,让变革持续

之所以单独提出这个话题,是源于一个现实困惑:实现学校成功变革的校长一旦被调离,新的校长能否沿着规划的路径继续推进?遗憾的是,现实中出现这种情况的比较多。新任校长希望搞自己的一套,忽视前任的成功经验,最后导致学校退步的例子很常见。因此,在学校变革的情境中,我们必须对每一个尊重学校历史、继承已有成功经验并不断促进新变革行动的校长保持敬意。

学校变革的成功，是因为尊重了规律。新任校长一定要意识到，此前学校变革成功的重要原因，是前任校长把握了这所学校的发展机理，按照教育规律和办学规律办事，这跟你与他的关系、你对他的看法无关。如果新任校长固执地以"他那套不行"的个人意气和狭隘观点进入学校，作为自己履职的起点，那就很难走到正确的学校变革轨道上。

希望推动一种区域性的制度设计。印象中有一个区域教育行政部门进行过类似的探索，就是上级领导通过与新任校长的谈话，要求坚持既往的成功的学校变革道路。如果建立一个机制，在新旧交接的时候，通过多方评估学校的成就，盘点学校成功的基本经验，是否会对学校继续推进变革有规范作用？也许类似的探索会有利于降低成功学校重新失败的可能性，让学校原有的变革机制继续发挥作用。这对区域教育保持发展惯性、形成良好的区域教育文化也是有益的。

结语
复制变革 DNA：帮助更多人具有变革领导力

基于本书对"学校变革领导力"内涵的讨论，回溯学校变革的八个步骤及众多变革学校的案例，可以看出，学校教师团队每一个成员的积极参与及在积极参与中培育出的领导力是学校变革成功的关键。变革型校长愿意激发和培养学校教师团队中每个成员的领导力。他们认同的基本观念，就是相信每一个人都能成为领导者，都能对学校变革负责，都能具有变革领导力。

然而，变革型校长意识到，学校变革始于个人的觉醒，这个人首先就是他们自己。他们不仅是变革的发动者，也是领导团队、培养团队成员领导力的人。随后，更多人具有了变革领导力。基于这个前提，这一部分使用"变革型领导"而不是"变革型校长"的概念，表明"变革型领导"不仅包括校长，还包括学校各个部门和团队的负责人，包括每一个教师。"变革型领导"除了自身具有领导变革的能力之外，还具有培养他人并使他们不断提升变革领导力的使命。在变革的每一个环节，所有团队成员都能够在具体的情境和任务中，体验变革的价值与意义，形成彼此的情感连接和支持关系，提升自己思考问题、抓住问题要害的能力，进而采取合理的行动，最后达成变革的目标。从变革型学校的案例和经验中，我们可以提炼四个关键要素：

使命（Mission）

情感（Emotion）

思维（Thinking）

行动（Action）

"使命—情感—思维—行动（META）"共同组成学校变革的"DNA"，帮助学校成员培养变革领导力。变革型学校中的很多干部或教师能够迅速成长，脱颖而出，被提拔为领导者，就是变革DNA作用并实现"复制"的结果（见图1）。

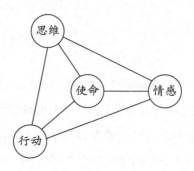

图1　变革DNA的META模型

使命：保持对成功的执着

"愿景"是对学校变革前景的诗意描绘，"目标"是学校在特定时间达成的可测量的成果，"使命"则是在背后坚定支持实现"目标"和达成"愿景"的信念。

优秀的变革型领导自觉从"成就人"的角度理解变革。艾伦·布兰克斯坦（Alan M. Blankstein）在她的书中写到这么一个故事：克里族长老贝勒罗曾经回忆他与年迈的祖父的对话。"他问道：'爷爷，生命的目的是什么？'这位老者经过漫长的沉思之后，抬起头回答道：'孩子，儿童即是生命的目的。我们都有过童年，在别人照顾下长大，现在，是我们照顾别人的时候了。'"[38] 作者把这种慈悲情怀安放在克里族长老的身上，可能有着特定的意义。人类是由一个个族群组成的，却有着共同认同并自发遵守的使命：照顾儿童、教育儿童，让人类能够繁衍、成长,让人类的后代生活得更加美好。"聚天下英才而育之",这可能就是人类社会生生不息的密码之一。

一位校长接手一所农村薄弱初中后,立刻发自内心地产生了对孩子们的慈悲情怀:他们出生在这个地方,只能上这所学校。如果有择校机会,他们可能就都走了。他表示:"我想为这些孩子带来一点改变。"这就是一种使命感。正是这种使命感,让这位校长用三年的改革行动,让该校成为市里的课程改革先进学校。镇里的领导也欣喜异常,非常感谢学校为生长在这块土地上的儿童所做的一切努力,随后拨大笔款项支持学校发展。在这里,所有人的使命汇在一起,形成了服务儿童发展的共识。

教师的成长是变革型领导的重点关注范畴。无一例外,变革型领导在启动学校变革时,都努力调整教师对自身的认知,理解他们的恐惧,从他们的抱怨声中找到他们作为教师的职业自尊和对学校前途的深刻关心,进而激发他们的职业自信。变革型领导通过让教师进行职业规划的方式来描述自己的职业追求,引导大家把自己的职业发展和学校的发展整合到一起。在薄弱学校里,变革型领导常常跟其他成员说的一句话就是:你自己成长了,学校就会有好的发展,咱们走出去都是昂首挺胸的,活得自信。

优秀的变革型领导将学校发展作为自己的使命。优秀的变革型领导从来不会将自己淹没在琐碎的细节中,他们始终记着要"抬头看路"。他们认识到,学校本身就是在与社会的互动中不断发展的机构,变革是教育的常态,是实现学校发展的行动准则。变革不是我们无可奈何要接受的东西。时代在不断改变,各种因素的变动构成了对学校及其运转体系的挑战。在这样的环境中,变革型领导通过不断确认学校机构的使命,了解挑战是什么、挑战从何而来,进而思考变革的方向,提出变革的行动策略。

这种使命能够帮助变革型领导始终把握变革的方向,并提高变革路途中辨识问题和及时纠偏的能力。当校长具有这样的能力时,我们就可以确定，变革的成功是迟早的事。

情感：将所有的人和机构紧紧连接在一起

不成功的学校变革可能更加执着于管理技术。在学校这种机构中，情感往往比严格的管理效果更好。情感能够创造更加融洽的关系，促进彼此的信赖与合作，形成变革的合力，营造变革的文化。

变革型领导是"支持型"的领导。 变革型领导随时深入课堂、教研室和各个办公室，与教师职工交流，询问他们的需求。当教师提出一项建议时，他们通常的回应是"你这个想法很好，能去尝试一下吗？"或者"这个想法稍微调整一下可能会更好"，等等。"支持型"领导往往运用同理心来理解教师，用支持性的语言让教师们感觉到随时被关注、被认同，能够受到激励和鼓舞。

变革型领导善于利用外部资源提升教师参与变革的意愿。 在推动教师调整负面情绪的关键时刻，变革型领导可以及时邀请有影响力的人到学校来，这不仅能够激发教师们的认同感，更有助于唤醒教师内在的自尊。变革型领导更看重干部和教师们的变革"意愿"。如果教师缺乏变革意愿，他们的行动就只是受"头脑驱动"，而"心灵"却离得很远。因此，变革型领导将会努力让大家"头脑驱动"和"心灵驱动"相结合并参与到变革中来。

变革型领导会将"故事"作为情感的黏合剂。 在一次"共创工作坊"的活动中，几位校长一组，按家长的角色来描述学校的一次家长会的故事：孩子放学回家，蔫蔫地将一份学校通知递给他卖菜的母亲。母亲当时的反应就是孩子又在学校里犯什么错了。第二天，她到学校门口，就感觉浑身不自在，保安们都很淡漠。进了校园，牌子指引不清楚，不知道孩子的班级和座位，老师评点学生的表现情况更是让她如坐针毡。他们讲述的这个故事，引起了所有在场人员的共鸣，大家都意识到，学校里的很多人其实都在不正常的情绪下工作，没有注意到这种情绪对别人，尤其是一个母亲、一个孩子及一个家庭的负面影响。这样一个故事把在座的校长们的情感激发起来了，他们表示回去后要更多思考情感在学校变革中的作用。

在一所学校的"故事工作坊"活动中，每组成员讲述一个和学生相处的温暖故事，之后提炼每个故事的要素，创造这个小组的共同故事。一位体育老师讲述了一个学生如何克服对跳马的恐惧并在成功后激动地扑到老师怀里的感人故事。我们发现，体育老师比其他学科的老师更会讲故事，可能是因为体育学科的教学过程更有情境性、动感、画面感更好。在提炼中，大家们意识到原来孩子们这么勇敢、可爱，能够与老师进行真诚质朴的情感交流，他们不是老师们通常认为的不听话和冷漠的形象。这个故事对改变教师的观念、改善教师与学生的关系等都具有正面的引导价值。

变革型领导及时通过庆祝"仪式"强化情感。变革的路途中，哪怕一点点进步，哪怕是一个人的进步，都值得庆祝。教师们去尝试变革并取得一点成绩的时候，变革型领导应该及时利用教师交流平台，让这位教师展开演讲。这既传递了变革方向，又激励了教师。把与外部交流的机会留给教师，并把教师的名字和发言的主题用"会议议程"等方式确定和传播，是对教师进行正面认可的一种仪式化活动。

在学校变革取得初步成就的时候，庆祝活动尤其必要。在日常工作中，校长随时走进教师办公室，祝贺某一位教师的点滴进步，也是一种仪式。这种不断发生的庆祝活动会让教师明白：我们又在成功的道路上前进了一步，并且因为这一步得到了学校的奖赏。如此就会建立更好的团队成员信任关系，形成团队精神，产生更多的积极能量，鼓励旁观者积极加入变革行列中。

思维：以二次创业的思维推动变革

变革型思维就是二次创业的思维。之所以用二次创业的思维这个概念，就是因为学校变革是一种转型变革，而不是恢复到曾经的成功模式。儿童观和时代都进步了，学校作为培养人的机构，理当认识到这些变化对学校提出的新要求和新挑战，课程、教学和评价都在升级换代，学校教育的方式必须作出颠覆性的变革。

变革型领导能够逆向看待问题，并转危为机。亟待变革的学校一般都会"堰塞"着浓重的负面情绪，教师不认可中层干部，干部觉得自己很委屈，认为教师不理解自己，大家互相抱怨，只能看到当下的困境和小的利益，看不到新的发展机会和前景。教师们对任何新的改变都会下意识地产生畏难、抗拒的想法。变革型领导往往具有逆向思维，将教职工的抱怨定义为教师对学校变好的期待。在变革型领导的眼中，教师是可爱的、有职业荣誉感的人。因此，他们将学校内教师的抱怨，甚至对自己的挑战都视为推动变革的机会。认可负面情绪是一种有效的思维方式，可以帮助变革型领导制定更好的解决方案，将各种危机转变为变革的支持性力量。

变革型领导能够打通整体、局部和具体事项的关系。变革型领导总是跳出具体事项，将它与学校的文化理念、学年目标等联系起来。这就是整体性思维，它能够让学校的所有事项串在一根"红线"上，而不会"节外生枝"，分散注意力，也不会让教师模糊自己行动的边界与意义。

正如此前描述的"共创工作坊"中的那个故事所说，如果校长把学校运动会与学校的文化和学生的发展连接起来，谈运动会的创新，就能够很好地体现整体性思维，并向媒体传达学校的文化。变革型校长能够基于学校全局，将学校的每项工作联系起来，确保学校变革的方向不会出现偏差。

变革型领导要有长程思维。中小学教育深受功利主义的影响。面对短时间内提高学生成绩的压力，如果过于重视功利主义，或者说为问责主义所纠缠，学校就可能回到应试的老路上，很难将已经开启的变革继续推进下去。变革型领导需要长程思维，即把变革中的挫折放在一个更长的周期内去衡量。暂时的、局部的挫折是变革成功的铺垫。只要坚持了正确的变革方向，遵守了学生成长规律和办学规律，成功就只是时间问题。但是这需要变革型领导的耐心，做好家长和社会的工作并等待教师的转变。通过长程思维，变革型领导能够把握功利主义与专业主义的平衡，防止倒退，让变革持续。

变革型领导能够经常寻求更好的办法。变革就意味着，曾经习惯的思路可能不具有撬动变革的力量。曾经有一位企业家说过：解决一个问题至少有三种以上的办法，关键在于你能否找到那个最合适的。这也是很多变革型领导的共同认识，遇到阻力的时候，就要思考怎么迂回才能继续前行。

变革型领导能够走进当下的学校情境并修正以往的经验。很多变革型领导在此前任职的学校实施了比较成功的变革后，在新的学校容易以"成功者"自居，以"你们"而不是"我们"来看待与教师团队的关系，而且喜欢谈过去的经验。教师们不会喜欢这样的领导，他们会认为你还停留在过去，没有融入现在的学校里，甚至和他们不是一条心。变革型领导带着以往的经验进入新学校，应该根据新学校的情况和问题，反思哪些经验不再适用，并进行调整和修正，确立变革的行动框架。这是一种开放的思维。

变革型领导能够准确分析和把握变革临界点。学校变革的发生自有其内在的规律。当教师们从负面情绪向正面情绪转变，当开展变革行动的教师达到某个比例，当初步成就就在眼前，甚至当多少教师停下脚步享受成功，等等，都意味着临界点的到来。变革型领导要去观察、分析和归纳总结，并及时作出判断，稳定变革的局面，促成更加深入的行动。

行动：让更好的事情真实发生

学校变革，是为了促成一个更好的学校样态，让儿童和教师获得更好的成长，这是一种创造性的工作。

确立新的文化理念以达成学校变革的共识。当教育哲学发生重大转折之后，学校就会进入一个整体革新的时代。变革型领导能够判断既往的学校文化理念是否符合新时代的需求，并采取广泛的参与式反思和研讨，提炼学校的培养目标等文化要素，让教师们感知发展方向，促使他们形成对自己与学校发展关系的新理解。

改变组织结构是一项关键性的行动。亟待变革的学校往往被传统的科层制结构困住并失去行动能力。变革型领导一开始不会急于对这个组织结构采取行动，而是会寻找新的生长点，在科层制结构外找到认同课程教学改革理念、跃跃欲试的教师，赋权并帮助他们组建专业化的网络状组织，开展攻坚行动。其他教师会慢慢卷入其中，中层干部也是如此，这已经从变革型学校的案例中得到了证明。这种网络状组织具有成员平等、以专业为追求、彼此连接的特征。随着这类组织机构的扩大，学校就创造了一种更加积极、彼此信赖的新型组织文化。

发现和培养团队领导者。在学校变革的过程中，团队领导者能够较好地理解行动与理念的关系，在理念下率先自觉行动，并发动和带动其他成员参与进来。在学校实施变革的每一个阶段，变革型领导都在不断发现这样的人，他们有新想法、愿意承担责任、有团队精神、有向前走的冲动和克服困难的勇气，始终保持着向上的力量。

随着变革取得初步成就，变革型领导应该有意识地帮助更多教师脱颖而出，让他们承担更大的责任。整个变革过程就是变革型领导为学校储备变革领导力的过程。这些新生力量会带着已经沉淀的、稳定的价值观和行动方式，帮助学校实现持续变革。

培养和提升教师的能力。教师是学校变革的主要力量。变革型领导始终高度关注涵养全体教师的专业信念与素养，培养他们在团队中的存在感、参与感和价值感，让他们不仅能够领导自己，还能携手别人一起前进。

为教师搭建平台、提供培训机会都是学校常规的做法。而变革型领导有一个共同点，就是为教师提供方法，提供"脚手架"，让他们在日常教学中形成反思、提炼的习惯，提高自己的研究素养，学会在更高的层面看待教育。这里有一个变革型领导为教师提供的构建整合型课程的思考框架（见表1）：

表1　教师课程素养发展框架

内容	能力要求	素养关联
对自己的课程	驾驭本门课程的能力	理解自己在课程图谱中的位置
对其他的学科	寻找与其他学科的交汇点	理解主题间的关系，向跨学科突破
对自己的教学	重新审视与学生的关系	审视新课程形态对教学方法的要求
对课程资源观	从教学资源到学习资源	扩大资源的汲取范围
教师研修内容	从学科教学到课程育人，从知识技能到核心素养	从试题选用到资源选取

这种"脚手架"提供了一种方法，让教师在课程改革中找到方向和方法，进而提高自我效能感，获得参与感和意义感，成为变革中的成功者。这里蕴含了一种值得探索的理念：一所学校培养出几位优秀教师可能是"关键事件"使然，但培养出一批优秀教师一定是学校文化使然。这是变革型领导所做的"藏富于民"的工作，是学校持续变革的宝贵资源。

及时将成熟的经验变成制度。制度保障是变革文化生根的重要途径。把专业组织及其负责人的奖励政策纳入制度，就会让大家获得一种信念——"我做到了什么就会实现何种价值"。这种好的制度能够引导教师团队的价值观。有的学校设计了"既看结果，也看过程"的评价体系，目的是引导教师专注于当下的课程改革，不要过于被中考高考结果干扰。还有学校改变教师的绩效考核方式，不将学生考试分数纳入教师绩效考核范畴，让教师从教书向育人转变。这些制度改变了教师之间的竞争关系，让他们更加轻松地去创造，合作前行。

传统的分年级、分学科的教研方式阻碍了跨学科教学的实现。变革型领导可以要求教师开展跨年级和跨学科教研，促成不同学科立场的理解，形成教师们的整体育人观念并让他们采取行动。有些学校成立了"课程决策委员会"，就是为了更好地推进课程改革，让教师们参与到全校的课程决策中来。

对成功变革经验的制度化，有利于实现学校变革的稳定性，消除变革的阻力，与学校治理现代化的内涵保持一致。

由以上分析，我们可以用图2呈现变革DNA的运行要素。

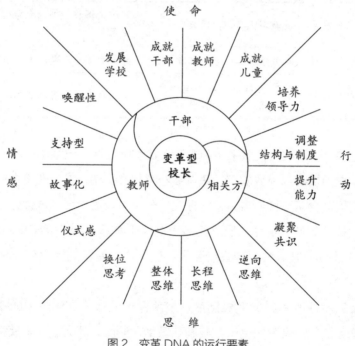

图2 变革DNA的运行要素

"meta"本身是一个英文单词，有多种词性，作形容词时，表示关注超出现实的文化和进行自我参照；当前缀时，表示"变化，超出"的意思。这些解释给予"使命—情感—思维—行动（META）"这一变革基因更加丰富的含义：变革本身就是超越现实困境，创造新的价值。"使命—情感—思维—行动（META）"，是从众多变革型学校的经验中提炼出来的，是变革型学校继续推动变革的基因。借助学校变革的这一基因，校长、中层干部、网络状专业团队的负责人、教师都必须让自己回到"元"点思考，建立对学校变革领导力的深入理解：每一个成员都有领导力，也有发展领导力的必要；在将自己转变为变革型领导、建立变革领导力的同时，要致力于培养更多有变革意愿和变革能力的人，使他们在变革领导力发展上实现真正的成长。

"成长意味着具备了处理更大、更复杂的问题的能力。领导的职能就是对企业进行管理，使之能够进入下一个更富挑战性的生命阶段。"[39] 面对无限丰富的、火热的学校变革，我们可以不断用"META"的四个维度，审视学校变革进程，创造更加美好的教育。

参考文献

[1][4]　[英]艾伦·普劳特.童年的未来——对儿童的跨学科研究[M].华桦，译.上海：上海社会科学院出版社，2014.

[2]　[法]菲利浦·阿利埃斯.儿童的世纪：旧制度下的儿童和家庭生活[M].沈坚，朱晓罕，译.北京：北京大学出版社，2023.

[3][9]　[意]艾格勒·贝奇，[法]多米尼克·朱利亚.西方儿童史[M].申华明，译.北京：商务印书馆，2016.

[5][13]　[美]拉塞尔·L·阿克夫，丹尼尔·格林伯格.21世纪学习的革命[M].杨彩霞，译.北京：中国人民大学出版社，2010.

[6]　[英]艾莉森·詹姆斯，克里斯·简克斯，艾伦·普劳特.童年论[M].何芳，译.上海：上海社会科学院出版社，2014.

[7]　[美]约翰·霍特.孩子为何失败[M].张惠卿，译.北京：首都师范大学出版社，2010.

[8]　刘晓东.儿童教育新论[M].南京：江苏教育出版社，2008.

[10]　[英]约翰·洛克.教育漫话[M].傅任敢，译.北京：人民出版社，1975.

[11]　熊秉真.童年忆往[M].桂林：广西师范大学出版社，2008.

[12]　[美]卡尔顿·华虚朋，等.欧洲新学校[M].唐现之，译.上海：中华书局，1931.

[14]　[英]肯·罗宾逊，[美]卢·阿罗尼卡.让天赋自由[M].李慧中，

译.杭州：浙江人民出版社，2017.

[15] 王志勇.美国学校效能研究的历史演进 [D].南京：南京师范大学，2011.

[16] 张菲菲.学校改进的新制度主义学派视角分析 [D].长春：东北师范大学，2008.

[17] Fullan, M. *The new meaning of educational change*（*Fifth edition*）[M]. New York, NY: Teachers College Press, 2016.

[18] Goodlad. J. I. *Flow, eros, and ethos in educational renewal* [J]. Phi Delta Kappan. 1999.

[19] J, P, Shen. X, Ma. et al. *Developing and validating an instrument measuring school renewal: testing the factorial validity and reliability* [J]. International Journal of Leadership in Education, 2021.

[20] [美] 辛西娅·麦考利，埃伦·范·韦尔索.创新领导中心领导力发展手册 [M].翁文艳，等译.上海：格致出版社，2011.

[21] [瑞士] 埃德加·沙因，彼得·沙因.沙因文化变革领导力 [M].徐烨华，译.天津：天津科学技术出版社，2021.

[22] 国家教委.国家教委关于印发《关于大力办好普通高级中学的若干意见》的通知（基教 [1995]13 号）[Z].1995-06-08.

[23][38] [美] 艾伦·布兰克斯坦.创建优质学校的 6 个原则 [M].林玲，等译.上海：华东师范大学出版社，2007.

[24] [英] 班恩·伦索.目标：用愿景倒逼行动的精英思考法 [M].陈重亨，译.成都：四川文艺出版社，2021.

[25] 陶西平.谈高中特色办学 [J].中小学管理，2009（11）.

[26] 鲁迅.鲁迅选集·杂感 II[M].林贤治，评注.桂林：广西师范大学出版社，2018.

[27] 李德元，马琳.培育 NICE 女生：百年女校的现代课程重建 [J].

中小学管理，2017（3）.

[28] 伍丽华."把根扎深，把梦做大"：一所台湾村小的扎根教育[J]. 中小学管理，2015（10）.

[29] 邵兴江. 校长空间领导力：亟待提升的重要领导力[J]. 中小学管理，2016（3）.

[30] 褚宏启. 教师领导力：让每位普通教师都有影响力[J]. 中小学管理，2020（9）.

[31] [美]约翰 P. 科特，丹 S. 科恩. 变革之心[M]. 刘祥亚，译. 北京：机械工业出版社，2021.

[32] [美]约翰 P. 科特. 变革加速器[M]. 徐中，译. 北京：机械工业出版社，2023.

[33] 陈丽，吕蕾，等. 赢得未来的学校教学组织变革[M]. 上海：华东师范大学出版社，2016.

[34] [美]约翰 P. 科特. 领导变革[M]. 徐中，译. 北京：机械工业出版社，2019.

[35] 刘澜. 领导力必修课：动员团队解决难题[M]. 北京：北京联合出版公司，2019.

[36] [日]久恒启一. 图解德鲁克管理精粹[M]. 刘霞，译. 北京：电子工业出版社，2011.

[37] 张东娇. 绣一幅学校文化建设的《凤穿牡丹图》[J]. 中小学管理，2020（1）.

[39] [美]伊查克·爱迪思. 企业生命周期[M]. 赵睿，等译. 北京：中国社会科学出版社，1997.

后 记

在过去的一个世纪中，人类社会迅速从工业文明时期进入后工业文明时期。作为社会机构的学校发生了两个极其重要的变化。首先是以儿童为主体的观念逐步确立，重构了教师和学生的关系，带来了教与学方式的革新。其次是学校教育的内容越来越强调从面向过去转而面向未来，培养应对未来社会需要的素养比传授已有经验更为迫切，因此课程内容得以持续更新。这两个方面的变化对学校运转体系不断提出变革的要求，此时，领导科学和领导力研究的成果为此提供了充分的理论和实践资源，学校教育的研究者们以不同的标准对领导力进行分类和阐释，学校层面也在围绕制度体系和组织文化进行持续的探索。综合起来看，在充满不确定性的当下和未来，变革已经成为包括学校在内所有组织机构的行为准则，因此，我们所讨论的学校的各种领导力，本质上都是变革领导力。

在这一概念的基础上，领导学校变革的校长们越来越清楚地知道，领导者从来不是只靠他们自己来实现学校变革的，他必须动员他人，他最大的挑战也在于如何动员他人，为共同的目标奋斗，以成就学校的卓越。因此，本书不断提到，学校变革领导力不只是校长个人的事，而是每个人的事，是校长领导力和学校成员变革领导力的融合，而校长领导力的概念必须增加的一个新内涵，就是促进学校所有成员获得领导力。

为此，本书系统地讨论了学校变革领导者如何行动，如何凝练学校的价值和文化体系，并将其转化为整体性兼渐进性的行动，变分裂为团结，变自卑为自信，鼓励冒险，创新专业结构，抓住突破的时机，营造开放和富有活力的学校生态，进而积小胜为大胜，实现学校稳健而持续的发展。

尽管每一位变革型校长的个性不同、年龄不同、所在学校的学生和教师都不同，但是，作为变革领导者的他们却有相似之处，即勇于挑战现状，理解内部因素及外部环境与学校变革的关系，建立情感的有效连接，支持教师的专业发展，用开放的思维去接纳、包容创新。最重要的，是他们能够回到初心，让变革总是走在正确的轨道上。这个初心就是对学生成长的热爱和使命。这个初心面向未来，就像变革面向未来一样。从这些变革型校长那里，我们勾勒出一个完整的变革领导力的画像。

在本书的写作过程中，得到了张文凤、李文苹、尚文鹏、汪红震、张明蓉、张丽荣、郝荣军、徐芳、曹彦彦、徐瑛、金敏燕、唐晓勇等校长的大力支持，他们大多与我深度合作实施过学校改进项目，有几位是在《中小学管理》杂志社举办多年的"课程整合校长教练工作坊"活动中的伙伴。我们一起合作多年，为了实现学校的升级共同前行。唐晓勇校长还帮我审读书稿，从读者的角度提出修改建议。本书直接引用了部分学校改进项目学校如陶然亭小学、双林小学、延庆一小、史家营中心小学的案例。苏州东中实验小学的孙霞芳校长、广州朝天小学的孔虹校长分享了他们学校的文化建设情况，北京市西城区教科院的姜丽莉老师分享了她关于培养目标的研究，夏建刚老师给我提供了丰富的学校变革主题的英文文献。王胜一直支持本书的写作并在多方面提供帮助，在此对他们表示衷心的感谢。

感谢褚宏启教授和张东娇教授抽出时间审读书稿，提出建议，并为本书撰写序言。张老师希望我增强尾章的抽象程度，褚老师鼓励我继续研究，希冀我能够有些理论上的提升，我虽然力不自胜，但深感鼓励。

必须感谢我曾经在《中小学管理》杂志社的同事们，尤其是孙金鑫主编和谢凡主任，他们的支持对我的学校改进业务至为重要。

华东师范大学出版社北京分社的李永梅社长大力支持本书的出版工作，程晓云编辑从拿到初稿开始就不断提出修改建议，她以强大的编辑能力极大地提高了本书的水平。她们以自己的专业情意和辛勤劳动推动着中国基础教育的变革。